「自分は自分」でうまくいく

最強の生き方

How to Make the Best of Life

アーノルド・ベネット

Arnold Bennett

増田沙奈 訳

興陽館

限られた自分の時間を最高に活かすため

最強の生き方をするため

あなたは、
いまなにをすべきなのか

あなたはこう思うことはありませんか。

人生を変えたい。
自分らしい仕事がしたい、充実させたい。
人間関係をよくしたい。
もっと自分を高めたい。

「自分の生き方」がしたいと。

そのためには
「他人にふりまされない」ことです。

はじめに

人生を「最強に生きるため」のヒント

人生のバイブルとして愛読された一冊の本

本書はアーノルド・ベネット（Arnold Bennett, 1867–1931）の『*How to Make the Best of Life*』の翻訳です。

ベネットは、貧しい暮らしからスタートし、親の期待するレールからも外れて成功した、二十世紀イギリス最大の小説家のひとりです。

彼の実体験による裏付けから書かれた本書は、

「他人の期待を満たすために生きるな、自分自身のために生きろ」

という信念に基づく人生のバイブルとして、一九二三年にイギリスで刊行されて以来、一〇〇年近くにわたって世界中で愛読されています。

この一度の人生、限られた自分の時間を「最強に生きるため」にどうすればよいのか。

この本はまさに、ベネットの人生そのものを体現した哲学に満ちています。

アーノルド・ベネットは、一八六七年にイギリスの貧しい長屋（共同住宅）に九人兄弟の長男として生まれました。

父はいくつか仕事を変えながら努力して弁護士の資格をとり、ベネット一家はそれまでの貧しい暮らしから、一転して大きな家に引っ越します。

父はベネットに自分のあとをついで法律家になるように求めますが、彼はその期待に応えることはできませんでした。

彼は試験に合格できず、父の弁護士事務所で家賃の取り立てなどの仕事をしていました。

彼にとって、父の下で働くことはとても不幸なことでした。この厳格な父は、彼を生涯苦しめた吃音（きつおん）の原因となったといわれています。二一歳の時、耐えきれずに窮屈な父の事務所を飛び出したベネットは、あこがれのロンドンで、別の弁護士事務所に速記係として雇われます。

このときからベネットの成功がはじまります。速記者として仕事をはじめた彼は、小説を書き始め、二九歳のときに、婦人雑誌『ウーマン』編集部に転職、やがて同誌の編集長へと昇格します。

そして一九〇〇年からは会社をやめて、作家として文筆一本の暮らしにはいっていきます。

父が死んだあとは、パリに移住して、多くの作家や芸術家と交流を深めながら、ベストセラーとなった『二人の女の物語』をはじめ、数多くの小説、随筆、評論や戯曲の執筆と、各方面に作品を発表していきます。

こうしてイギリス最大の作家としての名声を不動のものとしたベネットは、晩年は文壇の大物として、六四歳でなくなるまで活躍します。

本書では、自分の本能、性格や気質を満足させる生き方が一番いいのだと、繰り返し書かれています。まさに、親に敷かれたレールから外れ、まったく別の道で大成したベネットだからこその哲学だといえます。

ここに、嘘はありません。

本書は、ベネットが五六歳の人生経験の豊富なときに書かれました。人生の観察者として、これからの人に向けて書かれた本書は、〝豊かさと厚み〟のある人生バイブルとして、その後も何度も版を重ねて、ロングセラーとして読み継がれています。

今回、翻訳者の増田沙奈さんの手により、瑞々しい新訳として生まれかわった本書が、さらに多くの読者に読まれることを心から願っています。

後悔なく生きたいと願う人。
自分らしく生きたいと願う人。
これから人生という航路に旅立とうとしている人。

まずは「自分は自分」だと理解することから、よりよい人生がはじまります。

時間の使い方、人間関係、勉強、仕事、社会との向き合い方、あらゆる場面で、本書は生きるヒントを与えてくれることでしょう。さあ、今すぐページを開いて、ベネットの言葉を味わってみてください。

本書が、あなたのこれからをよりよく生きるための一冊になるように願っています。

興陽館　編集部

「自分は自分」でうまくいく　最強の生き方

「自分は自分」でうまくいく　最強の生き方　目次

第一章

自分本位になれば、人生は楽しい

――他人の期待を満たすために生きてはいけない――

第二章

二つの法則で、人間関係は豊かになる

――心の不安から自由になる――

第三章

自分メンテナンスで、最強の人生をつかむ

――限られた自分の時間を最高に活かす――

第四章
気くばりと熱意で、仕事は成功する
つねに「万一」に備える——

第五章

賢くなれば、幸せになれる

――世の中をよりよく生きる――

第一章

他人の期待を満たすために生きてはいけない——

自分本位になれば、人生は楽しい

まずは自分の本能を満足させろ

人生を心から楽しむには、自分の本能を満足させなければならない。それが何より大切だ。自分に甘くなれと言っているわけではない。もちろん理性も大切だし、なくては困るけれど、それだけを頼りに世の中は渡って行けないし、行くべきではないとぼくは思う。常に理性に従っている人は、たいていひどく退屈で、気難しくて頭が固く、想像力の欠片もない。まあ、そんな人はごく稀だけれど。

人は理性的な動物だ、と言うが、それは嘘だ。

人はときに理性的だが、どんなときでも本能的だ。**人には、生まれつき一人ひとり異なる本能があり、それは一生ぼくたちを揺さぶり続ける。**

たとえるなら、風か潮。ぼくたちは船で、ただひとつ違うのは、本能はいつもぼくたちを同じ方向へ運んでいくということだ。本能を変えることは誰にもできない。ほんの少し変えようったってそうはいかない。

自分の本能とは、一生付き合っていかなければならない。瞳の色が変わることはあっても、本能が変わることはないのだ。

息を引き取るその瞬間まで、本能から逃げられないというのは、考えてみれば恐ろしいことだが、これはもうどうしようもない。

だから、自分がどんな人間かよく知りもせずに、こうなりたいとか、他人にこう動いてほしいと思ったりすると痛い目に遭う。

自分という人間を否定してしまうと、人生そのものがうまくいかなくなる。

自分をよく知ることこそが人生を心から楽しむためのカギで、自分に立ち向かおうと理性と手を組んでも必ず負け戦になる。

理性が歩兵なら、本能は戦車といったところだろうか。

まずは自分を満足させろというのはこんな理由からだ。

だから、たとえばあなたがどんなに若くても、人生の先輩が指し示した道が自分という人間に合わないと思うなら、その道を歩む必要などまったくない。

生まれつきの気質や性格は変わらない

ぼくの言う「本能」とは、つまりは持って生まれたその人の気質や性格のことだ。たとえば、生まれながらにリーダーに向いている人もいれば、その下で働くのに向いている人もいる。責任感が強い人もいれば、弱い人もいる。情熱的な人もいれば、冷静な人もいる。毎日違う場所で違うことをするのが好きな人もいれば、同じ場所で同じことをするほうが落ち着くという人もいる。

ひとりで机に向かうのが好きな人もいれば、仲間と一緒に働くのを好む人もいる。なかには、俺は働くのに向いていない、と言う人もいる。だが、人間とは本来そういうものだ。だから、何年ものらりくらりしていた人が、突然お尻に火が付いたように何かにのめり込み出すことだってある。そういう場合、多くは体調面の変化とか、もしくはそれまで息を潜ませていた本能が、何かの拍子に突然顔を出したからだ。

野心家もいれば、そうでない人もいる。それの何が悪いのだろう！　皆が皆、ナポレオンのようだったら、この世は死体だらけになってしまう。

逆にもしナポレオンのような人がこの世にひとりしかいなかったら、戦う相手もいないだろう。

本能は諸刃の刃、自分を幸せにも不幸にもする

こんなふうに、人には皆違った本能がある。挙げればきりがないが、**これを読んでいるあなたにも、あなたをあなたたらしめている本能が必ずある。**それがどんなものであれ、本能には理性に勝る力がある。

では人間である以上、ぼくたちは自分の本能にひれ伏さなければならないのだろうか？　もちろん、そんなことはない。自分をよく知らない限り本当の幸せは手に入らないが、逆に本能の赴くままに行動すれば、結果的に自分もまわりも不幸になる。

あるときには、本能のままに行動するのが吉と出るが、あるときには凶と出る。だが、ここで大切なのは、どんな本能にも善悪両方の芽が備わっているということだ。

自分の欲望を「上手に手なづける」秘訣

政治家や暴君を見るのと同じ目で、自分自身を見つめなければならない。

本能は変えられなくても、手なずけることはできる。

そしてそこで必要になってくるのが、理性なのだ。他人の持っている物を見て、つい「欲しいな」と手が出そうになったとしよう。その人が貧しい人なら泥棒と呼ばれ、金持ちなら窃盗癖があると言われる。こんなふうに欲望に歯止めが利かないのは無論悪いことだが、幸いにも、その点は社会のルールで回避されている。

だから、そう思っても実際に行動に出る人はいない。いつも本能のままに生きていたら大変だ。行きすぎた行動に出ても世間は止めてくれないので、仕事はもちろん人生そのものに悪影響が出る。

ただ、「ここが自分の悪いところだな」という点は、ある程度は本人が、そして友人たちは本人以上に認識している。

そんなふうに理性が働くからこそ、人はバランスを保てるのだ。

本能は野放しにはできない

じゃあ、いったいどれくらい理性を働かせればいいの？　そう聞かれても、自分で考えてごらん、としかぼくには答えようがない。

ただひとつ言えるのは、本能は野放しにも閉じ込めもできないということだ。その間のどこかに、いわゆる常識というポイントが存在するのだろう。

なんだかつかみどころのない回答だなぁ、と思うかもしれない。その通り！　だって人生とは、そもそもつかみどころのないものだもの。

自分という人間を深く掘り下げるとき

自分という人間を初めて深く掘り下げるのは、おそらく社会に出るときだろう。この人生のターニングポイントは非常に重要で、まさに試練だとよく言われる。誤った一歩を踏み出すこともある。だが、間違うなと言うほうが無理な話だ。親にも子どもにも、そもそも正しい答えなどわからない。

親は、子ども時代を忘れる天才だ。

だから、自分が子どもの頃、大人から言われて嫌だったことをそっくりそのまま自分の子どもに言ったりする。

親だって所詮は人間、選択を誤ることも、良かれと思ったことが裏目に出てしまうこともある。子どもの気持ちを十分理解している親のほうが珍しいだろう。「育ててやったんだから、言うことを聞くのは当たり前」と、親は子どもに対して思いがちだ。

ソロモンのような親になろうとして墓穴を掘っている親はうじゃうじゃいる。

臆病にならず困難には立ち向かう

でも、親が子どもをほとんど理解していないと言うなら、たいていの子どもは自分のことをそれ以上に理解していない。

将来を考える時点で、自分という人間が半分もできあがっていない場合だってあるし、往々にして教育の在り方が職業選択を目的としているからだ。

それゆえ、極端に早い年齢で将来を選ぶ羽目になる。そうなると、親以上に自分を理解できていない子どもは、十中八九、まわりに流されたり、自分に合わない道に惹かれたりしてしまう。

誰だって、楽な道を選びたい。

だが、若い頃の挫折は、年を取ってからの挫折に比べれば取るに足らないものだ。困難を上手に回避するのが大人の課題だとすれば、若者の課題は、**困難に立ち向かうことだ**。そのとき立ち向かわないと、年を取ったときにもっと大きな困難となって自分の前に立ちはだかる。臆病になってはいけない。

若い頃の苦しみは一時のものだが、楽な道を選んだツケは墓場まであなたにつきまとう。

あなたは「成功したい」と誰かに思い込まされていないか

父親が弁護士だったとしよう。

「俺のあとをそのまま継げばいい。それがお前にとって一番いい道だ。何が面白くて、エンジニアになんかなりたいんだ？　馬鹿なことを言うな！」。

父親には逆らえないな、とあなたは思うかもしれない。ただ、感情というのはそんなに単純ではなく、そのあともずっとくすぶり続ける。簡単に割り切れるものでも、忘れられるものでもない。後悔するのは確実に自分で、場合によっては親をも苦しめる。

若者は皆、野心家だ――この認識がそもそもの間違いで、職業選択の大きな落とし穴の正体だ。野心を抱いている人など、実はそんなにいない。正確に言えば、若者はたいてい、自分には何か大きなことが成し遂げられると思っている。

だがそれは、親にそう思い込まされているからに過ぎない。お腹を痛めて生んだ我が子が「平凡」だなんて認めたくない、それが親の心理というものだ。

すると子どものほうは当然、成功したい、ほかの人に勝ちたい、金持ちになっていい暮らしがしたい、と思うようになる。

他人の期待にふりまわされるな

このような欲望は誰もが持っていて、尽きることがない。しかし、突き動かされるような本能とは別物だ。欲はどんどん出てくる。非常に利己的かつ幼稚で短絡的で、叶えるにはすさまじいエネルギーが必要だ。

いったいどれくらいの人が、自分の夢のためならどんな犠牲も努力も厭わない、と言い切れるだろう？　普通の人にはまず無理だ。野心はまるで七人の悪魔のように、あなたを鞭打って歩かせようとする。歩みを止めれば、満足感は得られない。

そう考えると、大きな夢を抱いて運よく順調に歩めている人のほうが、何はなくとも今の自分に満足している人より実は不幸だと言える。

それでも、親は子どもを説き伏せる。説き伏せられた子どもは、今度は自分自身を説き伏せにかかる。わざわざ、本来の自分をまったく生かすことのできない仕事を得るためにだ。

そしてこれはすべて、「野心を持つのはすばらしい！」という幻想のもとに成り立っている。自分の夢を叶えられなかった親が、子どもにその夢を託すという、まったく自分勝手な話もよく聞く。

「親の期待」は人を一生、苦しめる

「自分のぶんまで頑張ってほしい」

そう思う親の気持ちもわからなくはないが、やはり子どもにとっては酷な話だ。

失敗を恐れるくらいなら、挑戦して失敗したほうがいい。ただ、確かに**挑戦するのはすばらしいが、自分以外の何者かになろうともがくのは意味がない**。

最初からなれっこないからだ。もがけばもがくほど、深みにはまっていく。

そして挫折は、人を一生苦しめる。本来ならできることでさえ、どうせ自分には無理だという気にさせてしまう。腸チフスと同じくらい、軽く見ていると危険だ。一度経験すると、人を変えてしまう。

夢を持つな？　挑戦するな？　こいつ、いったい何を言ってるんだ？　そんなはずないじゃないか！

もちろん、そんなことは言っていない！　**ぼくはただ、まがいものの夢や挑戦には気をつけろと言っているだけだ。**

危険な幻想にだけは惑わされてほしくないのだ。それに誰にも夢は奪えない。もしそれが、本物の夢だったらの話だけど。

自分の才能を一〇〇％発揮するには

なるべく要らぬ失敗をせずに職業を選択するには、「この仕事に就いたらどんないいことがあるだろう？」ではなく、**「自分にはどんな仕事が向いているのだろう？」**と考えてみることだ。つまり、自分を仕事に当てはめるのではなく、自分に当てはまる仕事を探すのだ。若者は皆、誰もが同じくらい優秀で劣等生だ。

一人ひとり違う才能を持っていて、それを生かせる場も皆違う。

たとえば、商売の才のある人なら、食料品、洋服、煙草、食器、子ども用のおもちゃ、何を売ってもまあうまくいく。仮に身内が洋服屋で、でも自分は食料品に興味があると言えば、身内はいいアドバイザーになってくれるだろう。

この場合、自分の才能を余すところなく発揮できる。

だがもし、旅が大好きで、毎日机に向かって同じことをするのなんか耐えられない、という人にこんなことを言えば、どうなるかは火を見るよりも明らかだ（こういう人は確かにいて、稀にだが一代で大成功を収めたりする）。

「職業選択」ここを間違えるな

「父親は銀行の支店長、叔父は保険事務所の会計士、名付け親は役所勤め、いとこは州議会議員。お前が進む道は見えている！　この中からどれでも好きな道を選べ！」

場合によって、これは本人に自殺しろと言っているのと同じくらいひどい。

何よりもまず大切なのは、自分の性格の長所と短所をしっかり見極めて、どんな仕事なら自分の長所を生かせるか、短所がそれほど負担にならないかを考えることだ。どんなに魅力的で将来を約束された仕事でも、自分には合わないと思うならきっぱり諦めることも肝心だ。

職業選択にまつわる落とし穴をここで二つ。まずは、珍しいケースから。ある分野の才能に非常に長けていて、この仕事に就きたいという明確な夢があり、まわりもそれを認めているとしよう。この場合、進む道はすんなりと決まる。

もちろん、実際にその仕事に就いてみて悩むことは多々あるだろう。

だが、それでもこのタイプの人は幸せだ。だって、ほかの人より才能があるのは確かなんだもの。才能を生かす場を誤ることはあっても、本当の意味での挫折を味わうことはない。

ありのままの自分で仕事ができる人が強い

もうひとつは、よくあるパターンで、自分の適性ややりたいことがわからないので、なんとなく選んだ仕事をこなしているという人だ。

このタイプは非常に多い。本当の意味で人生を生きていないと言っていいだろう。だが不幸なわけではない。だって世の中には、すばらしい才能があるのに、それを伸ばそうとせずに押し込めている人もいるからだ。

でもやっぱり、日々これをするために生まれてきたと思える仕事に就いている人に比べると、同じような充実感は決して味わえない。

風や潮に身を任せるように、ありのままの自分で仕事ができている人こそ、真に自分の人生を歩み、人生を楽しんでいると言えるのだ。

意外なことに、やる気に満ち溢れた野心家が、平凡でも自分にとってこの仕事は天職だと思えている人から学ぶことはかなり多い。

それに気づいている人は、おそらく百人にひとりもいないだろう。

見下している相手から学ぶことがあるなんて、夢にも思っていないはずだ。

「権力、金、学歴」への執着が人生をダメにする

権力、金、学歴。野心家は、このどれかへの執着心が非常に強い。場合によっては、このうち二つ手に入れないと気が済まないこともあるし、全部手に入れないと満足できない人もいる。これらを手に入れるには、相当なパワーが要る。

人生の半分、いや、もしかしたらそれ以上の時間を捧げることになるかもしれない。大きな夢を打ち立てている人に見えているのは、はるか遠くのゴールだけだ。色々な行き方があるのに、視野が狭いせいで険しい道にしか気づかない。

その結果、凝り固まった考え方しかできなくなり、夢に取り憑かれてしまう。

すると、最初は「時間を大切にしよう」と思っていただけなのに、いつの間にか「無駄にしたくない」と思うようになり、最後には「無駄にできない、無駄にしている自分が許せない」と感じるようになる。こうなると、習慣は寸分の狂いもなく固定化され、

錬鉄（れんてつ）のようにぴったりと心の隙間をふさぐ。これは曲げも壊しもできない。そして牢屋の鉄格子のように、自分自身を閉じ込めてしまう。

めでたく目指していたゴールに辿り着いたとしよう。

その頃には、五十か五十五か、ひょっとすると、六十歳になっているかもしれない。

とにかく、ゴールに到着したあなたは、最初呆然とするだろう。

でもしばらくすると、喜びがふつふつとわいてくる。

「はぐれ犬」になってからでは遅い

「ついにやった！　ついにやったんだ！　これでもう、頑張る必要はない。これからは好きなことができるんだ。ぼくは自由だ。なんだってできる。なんだってしてやるぞ。とことん楽しむんだ！」

こんなふうに、目が覚めたら新しい人生だ！　と思いながらわくわくしてベッドに入る。ところが朝になっても、新しい人生はやってこない。

たとえるならあなたは、飼い主からはぐれた犬だ。綱を握っていたのは、働かなければならないという強迫観念だ。

「ああしろこうしろ、怖くてうるさいご主人様がいなくなってせいせいした！　これからはひとりでどこにでも行ってやる。時間はたっぷりあるぞ」

あなたは確かにそう思って、しっぽを振りながらあちこち彷徨(さまよ)い、手あたり次第興味のある物のにおいを嗅ぐ。

だがそのたびに肩を落とし、いつの間にか疲れ果ててそのへんの道で眠ってしまう。

あなたが本当に犬なら、最後は車に轢かれるのがオチだ。

「習慣の奴隷」になりさがるな

そして、怖そうな飼い主の隣をおとなしく歩いているほかの犬を見ながら、うらやましそうにこう思うのだ。「こんなことなら、飼われているほうがマシだった」。

世間はそんなあなたを見て、「どうしてあの人は、欲しい物をすべて手に入れたのに、あんなにつらそうな顔をしているのだろう?」と思うだろう。

世間がそう思うのも無理はない! 答えは簡単で、人生の目標を見失ったから。習慣の奴隷だった人には、純粋な興味というものがない。

こんなふうに習慣は、行動だけでなく思考をも蝕む。将来のために今を生きても、その将来が「今」になったとき、決して楽しめない。目標に執着するあまり自分の世界に閉じこもっていると、いつの間にか人とのかかわり方を忘れてしまう。

自分で自分をどんどん狭めてしまうのだ。誰もあなたに、もったいないことをしたね、とか、本当の幸せを知らないんだね、なんて言わないだろう。

でも、あなたはそんな人生、幸せだと思うかい? 残るのは虚しさだけだなんて、どう考えても幸せなはずはない。

一生懸命生きたには違いないが、本当の意味で生きたことにはならない。「自分の人生を生きたいのに、さっぱり方法がわからない」なんてあとで泣き言を並べても、もう遅いのだ。

がむしゃらに生きるな

一生懸命に生きるのと、人生を楽しむのは違う。人生の大半をがむしゃらに生きた結果、そのがむしゃらさが結果として身を亡ぼすこともあるのだ。

いくら光り輝く才能があっても、人生を楽しめなかったら意味がない。

これから羽ばたく若者には、才能だけが人生のすべてではないことをしっかりと胸に留めておいてほしい。大きな夢を抱く人は、自分で自分を仕事に縛り付ける。

朝から晩まで働き、世間とかかわりを持とうとしない。かかわるだけ時間の無駄というわけだ。

だから、他人に向かって「ぼくは優秀で、もっと高みを目指さないといけないから、あなたたちみたいに遊んでる暇はないんだ」なんていう、明らかに他の人を馬鹿にした言葉を発する人もいる。

僧侶にでもなったつもりだろうか？

本人は、ナイアガラの滝に打たれるのと同じくらいの努力をしているのだろう。

そんな姿にまわりは感心し、「やっぱりあの人はすごいなあ」と褒め称える。

無駄があるから人生は楽しい

すると、本人はうぬぼれ出す。確かに、人一倍努力をしているのだろう。ここで問題なのは、自分は特別で才能があるのだから、ほかの人でもできるようなことはしたくない、と思ってしまうことだ。

その思いをまずは取り去らなければならない。

ぼくたちは、たとえるなら、聖書にある野に咲くユリだ。

ユリは、ただ咲いているだけで、忙しく動き回ったりはしない。

でも、だからといって摘まれたりしない。人も同じで、ただ今という瞬間を生きている。それを無駄と思うなら止めはしないが、**本当に無駄なのは、完璧を求めることだ。**

時間もお金も、完璧を求めるほど無駄になる。

日に何度もお金のことを考えている人は、理性の言いなりになっている人と同じくらい馬鹿馬鹿しい。

無駄がひとつも許されない世界を想像してみてほしい。

ゾッとしないかい？　そう、実は時間も、お金も、脳みそも、ある程度の無駄はむしろ貴重で、人生を楽しむためには必要不可欠なのだ。

無駄は、別な言い方をすれば「楽しみ」だ。目標とは無縁の、個人的な楽しみを持ってこそ、ぼくたちの人生は豊かになる。

人生――そのときに応じた楽しみ方がある

若い頃に楽しむことを知らずに過ごすと、年を取ってから痛い目に遭う。子どもは学校で勉強を習う。それと一緒で、**大人は楽しむことを学ばないといけない**。そうでないと、楽しみとはどんなものかさえわからなくなってしまう。

「自分の楽しみは仕事だ」と言う人もいるだろう。もちろん、仕事が楽しいに越したことはない。ただ、ここでぼくが言う楽しみは、仕事のそれとはまた違う。もっとリラックスできるような何かだ。

志の高い人の中には、三十年間も本当の意味で自分を解き放ったことがない人がざらにいる。そして目標を達成した頃には、楽しみをかみ砕いて味わう歯がすべて抜けてしまっている。この点、平凡に暮らしている人はラッキーだ！

平凡な人を褒めているわけではない。

才能は、もちろんないよりあるに越したことはない。

ただ、人生を楽しむという点においては、平凡であることが何よりの助けになる。平凡だと、毎日を難なく楽しめる。四十年間も無理をしてあとの十年を棒に振るなんてこともない。

それに、女性が男性にとって、巷で言われているのとは違い、自分自身を高め、心のよりどころとなってくれる存在であることにも気づける。

こんな人の意見に耳を傾けてはいけない

野心のある人に、野心がないふりをしろと言っても無理だろう。だが、大きな目標から少し視線を外せば、何か見えてくるものがあるかもしれない。

少しならふりだってできるかもしれないし、今より少し、今を生きられるようになるかもしれない。そんな時間はない、だって？　いや、それは間違いだ。だって、人生を味わう方法を知るよりほかに、大切な時間の使い方などないんだもの。

「自分がどれだけぼくたちを危ない道に招き入れようとしているか、わかってるのか？」。用心深い人はそう言うだろう。

だが、人の意見に耳を傾けるのは、得てして危険なものだ。

しかしそんなことを言えば、生きること自体がそもそも危険な行為と言える。一度も転びたくないなら、命を絶つよりほかにない。

これは、才能のあるなしにかかわらず言える。石橋を叩いて渡るあまり、それがかえって命取りになることもある。

危険な道に思えても一歩踏み出す価値はあると、ぼくは思う。

自分が大好きな人、頑固な人、うぬぼれが強い人、どれもぼくには最も罪深いようには思えない。もしぼくが砂漠の真ん中に一緒に置き去りにされるなら、進むべき方角がわかるまで一歩も動かない人より、失敗を恐れずにとにかく歩いてみる人のほうが絶対にいい。

失敗をする人のほうが、実は視野が広い。

美徳と思われがちな慎重さも、度を過ぎるとただの臆病になる。

思考習慣を変えれば、バランス感覚が身につく

真実は眺める角度によって違ってくるが、ぼくが思うに、人生に大切なのはバランス感覚だ。

人生は道で、平坦なときもあれば、曲がりくねっているときも、転げ落ちそうに急なときもある。馬鹿な人は、落っこちそうな坂道をそのまま進んでしまう。だが本当

に怖いのは、ゆるやかな坂道だ。楽ちんだからと油断していると、たいていそのうち急になり、ある程度下ってからでは、引き返そうにも引き返せない。

どうしても引き返したければ、相当の気合いと体力と忍耐が必要で、まず普通の人には無理だ。

では、どうすれば人生のバランス感覚が身に付くかと言うと、とにかく習慣、**とくに思考習慣を変えることだ**。

肉体的な習慣はただの癖に過ぎないから、この際おいておく。いつもこう考えてしまうというような、考え方の癖はないだろうか？

それが曲者だ。思考パターンができあがってしまうと、偏ったものの見方しかできなくなる。そしてそれに拍車がかかると、最終的に頭の固い人間になってしまう。

新聞にこんな記事が載っていたとしよう。

「ジョシュア・クラス、享年八十八歳。ウィンチェスター大聖堂聖歌隊で活躍、その生涯を捧げる。七十六年の長きに渡り、一日も欠かさず教会に通ったことが彼の誇りだった」。

確かに、よくできた人だったのだろう。聖歌隊員からしてみれば、まさに鑑のような人物だ。でも、人間らしさという観点から見れば、なんだか機械のような人だ。定年後、二十年余りはあっただろうに、それでもせっせと教会だけに通い続けたなんて、使命感に取り憑かれていたとしか思えない。

休まないという習慣が、いつの間にか絶対に休んではいけないという固定観念を作り上げたのだ。

つまり、それだけでしか自分の善し悪しを判断できなくなってしまったのだ。

社会も家族も、もうその判断基準でしか見られない。

教会に毎日通うことが最優先されるなんて、どう思う？　もしおかしいと思わないなら、あなたこそおかしい！

自分の頭の中をときどき振り返る

今のは少々極端な例だったが、同じようなことは誰にだってある。

たとえば他人が誰かをこんなふうに言うことがある。「あの人の頭の中は仕事と付き合いのことでいっぱい。それしか見えてないんだから」。こう言われた世の人たちは、一度自分を顧みる必要がある。

間違いなく、坂道を転げ落ちている途中だからだ。そういう人は人生のバランス感覚を失っている。

たとえるなら、危険な暴君がそれまで平和だった国を乗っ取って、国が傾いている状態だ。

そんな思考習慣に気づいたら、どんな手を尽くしてもそこから抜け出し、自分を見つめ直してほしい。

大切なのは、単に抜け出すだけでなく、凝り固まった考えのせいで自分が見えなくなっていたものや、どれだけ視野が狭まっていたか、さらにまわりにどんな影響を与えていたかまで振り返ることだ。

すばらしいと思っていた習慣が、いつの間にかほかのアイデアを飲み込み、結果的に利益より害を生むこともある。

だから、習慣がどんな結果を生むかについては、よくよく考えなければならない。
そしてそのためには、日頃から自分の頭の中を振り返ることが大切なのだ。

人間は「習慣の生き物」だということを忘れない

いいことずくめの習慣というのは、ほぼないと思っていいだろう。

人生を心から楽しむというのは、非常に奥の深い課題だ。肉体についてだってまだぼくたちは人生の終盤になってやっと、自分とはどんな人間なのかを考え始める。

でも、それでは遅すぎる。若い頃に自分を知り、伸ばしてやらないと、できることもできなくなる。

独りよがりの野心こそ、あなたから学びを奪ってしまうものなのだ！　それをいつも頭に置いておかないと、決して満足のいく人生は歩めない。

人間は習慣の生き物、それを忘れてはいけない。

第二章

心の不安から自由になる――

二つの法則で、人間関係は豊かになる

人生を豊かにする二つの法則

ひとりが一番、なんて思っていないだろうか？　お金もあって、身の回りのことも全部自分でできるなら、友達なんて要らないや、と思っていないだろうか？

そう思っている限り、人生は楽しめない。他者とかかわり、いい関係を築けない限り、人生は豊かにはならない。

人間関係の課題は、どんどん複雑に枝分かれしてきている。でも、もとを辿れば、行きつくのは二つの大原則だ。

子どもが、小さな昆虫を捕まえて、無理やり脚をちぎっているのを見かけたことはないだろうか？　ひょっとすると、あなた自身がそんな子どもだったかもしれない。たいていの人に、心当たりがあるだろう。子どもは、ただ遊びでやっているだけだ。非常にむごたらしいが、本人にとってはただの遊びだ。

そしてこんな残酷な遊びをするからといって、その子どもが邪悪だというわけではない。ひょっとするとその子は、母親からの愛情をたっぷり受けて育ち、妹にとってはいいお兄ちゃんなのかもしれない。

普段はいい子で、行儀よく、優しいのかもしれない。それなのに、罪のない小さな虫に対しては悪魔になってしまう！

なぜか？　それは、虫の気持ちがわからないからだ。

残酷な子ども——人間関係をゆがませるもの

つまり、もし自分がこの虫だったら、と逆の立場に立って考えられないのだ。

「エッフェル塔くらい大きな巨人に、自分の足を引きちぎられたらどんな気分だろう？」

そんなふうに考える想像力に欠けているのだ。そしてこの想像力のなさこそ、若者の最大の欠点だ。

「ちょっと待った！　その子どもにだって想像力はあるはずだ。だって、たとえば部屋の真ん中にソファを持ってきて、それを無人島に見立てて遊んだりはできるもの。お話を作るのだってすごくうまいんだ」

ひょっとすると、あなたはそう反論するかもしれない。

しかし、それは想像力とは呼ばない。ただの空想だ。

想像力とは全然違って、ずっとレベルが低い。もし本当に想像力があれば、そもそもそんな遊びはしない。ひとりで無人島に取り残されたと想像したところで、ちっとも愉快ではないからだ。つまり、自分が楽しむためにでっちあげたストーリーなのだ。

いい人間関係を築くのに必要な能力

本物の想像力は、自分を相手に重ねて、相手の気持ちを真剣に考えられる能力を指す。良い人間関係を築く大原則のひとつはこれだ。

これですべてがうまくいくわけではないが、おおよそのトラブルは回避できる。確かに虫の中には人間に害のあるものもいるが、わざわざこちらから要らぬ手出しをする必要はない。もし、たとえばアリとかハエがもう少し大きければ、きっと子どもは手出しをしないだろう（その証拠に、おそらくスズメバチには、子どもはいたずらをしようなんて思わない。仕返しされるのが目に見えているからだ）。

若者は、残酷で、執拗で、辛辣だ。本人たちは激しく否定するかもしれないが、若者とはそもそもそういうものだ。

数十年経てば、本人たちもそれに気づくだろう。

そしてそれは、何度も言うように、想像力の欠如が原因だ。人間関係のひずみは、ほぼすべてこれに由来する。

人生を劇的に変える訓練とは

「もし自分が相手ならどんな気持ちになるだろう」と少しずつでも考えることが、まずはスタートだ。そうすることで人間関係は豊かになり、自分の心も豊かになる。すると人生そのものが劇的に変化する。

自分が変われば、相手も変わる。理解されている、という気持ちになるからだ。

相手がどんな状況に置かれ、何を求め、何に悩んでいるかを想像できれば、相手を自分と同じくらい大切にできる。なぜなら、相手と自分の間に垣根がないからだ。事情を説明したり、ケンカ腰にならずに落ち着いて話し合ったりもできる。相手を自分の城に招き入れれば、相手も喜ぶし、自分も安心できる。

どんなに勉強ができるより、人の気持ちがわかる人間になるほうがよっぽど大切だとぼくは思う。ある程度精神的に成熟しないと難しいかもしれないが、この訓練を積むのに遅すぎることはあっても、早すぎることはない。

子どもにだって、ちゃんとその能力はある。たとえば、子どもが誤って父親の車に傷を付けてしまったとしよう。そのとき、子どもはこう考える。

「どうしよう、きっと怒られる。ゴルフのあとならパパは機嫌がいいかもしれないから、言うのは夜まで待とう」

これは褒められる例ではないが、こんなふうに子どもでも、ちゃんと想像力を働かせられる。

たとえばエクササイズをするのと同じくらいの時間を、想像力を養うのに使えれば、きっとすばらしい効果が得られるはずだ。

コミュニケーションをよくする特効薬

では、どうすれば想像力は養えるのだろう？

それには、まずは相手をよく観察して、自分に問いかけることだ。

「彼は今、何がしたいのだろう？」「彼の長所と短所は何だろう？」「今日は元気がないな。どうしたんだろう？」「なんだかうれしそう。何があったのかな？」「なんだか不安そうだな」「私はどう思われているのかな？」「どうすれば喜んでくれるかな？」「今日は調子が悪そうだな」「どうしてイライラしてるんだろう？」「何を考えてるのかな？」「私が彼の立場なら、どんな気持ちだろう？」。

普段からそんなふうに考えることで、**想像力は筋肉のようにどんどん鍛えられる。**

ということはつまり、鍛えるのを少しでもサボると、みるみる衰えていくのだ。

そうは言っても、本当に心から相手のことを考えられる人なんているの？　とあなたは思うかもしれない。そう思うのも無理はない。でも、それを考え出すと迷子になってしまう。そんなこと誰にもわからない。いくら考えても答えは見えてこない。とにかく相手の立場に立って想像を膨らます努力をすれば、そんなことはどうでもよくなるだろう。

それくらい、想像力には人間関係を円滑にするパワーがある。

想像力は、まさにコミュニケーションの要だ。これ以上の心を高める方法はないだろう。

想像力を働かせたら、世界はこれまでとはまったく違って見えてくる。

人と上手につきあうポイント

人と上手に付き合うもうひとつのポイントは、決めつけないこと、**つまり、先入観**

を持って接しないことだ。

「理解とは許しだ」とよく言う。そう考えると当然、相手を理解したら、相手を許せることになる。

でも、ぼくはそんなに簡単な話ではないと思う。理解と許しは別物だ。相手の気持ちがいくらわかっても、許せないことだってある。

なかには、相手の気持ちをわかりながら、つらく当たったりする人もいる。

そもそも、理解と許しがイコールであるはずがない。

なぜなら、そもそもぼくたちは何もかもを理解することなんて最初からできっこないからだ。

「決めつけない」「批判しない」「裁かない」

だからといって、相手の気持ちを想像して終わりでは困る！　すべてを理解できないからといって、理解する努力を怠ってはいけない。

そしてそのときに大切なのが、決めつけないことだ。決めつけや批判は、ぼくたちの最もやりがちな、そして最も恥ずべき習慣だ。ぼくたちはこれに酒より頼っているが、**実際のところ決めつけはうぬぼれよりが質(たち)悪くて、どんな薬より体に悪い。**

そもそも、なぜぼくたちは誰かを批判したり、誰かに批判されたりしなければならないのだろう？

裁判じゃあるまいし。すべてを知っているわけではもちろんないし、その百分の一でも知っているかと問われても、疑わしい。

もし逆の立場なら、自分だって相手と同じことをしたのでは？ そもそも人は皆違うのでは？ そう考えると、人が人を批判するという行為は、ひどく滑稽なことのように思える。

「汝ら裁かれざらんために人を裁くな」という聖書の言葉がある。でもぼくは、人を裁かないのは自分のためではない、と言いたい。

そうではなく、人としての慎みがあるからだ。

自分のことは棚に上げて誰かを批判するなんて、人として許されないことだとぼくは思う。法律の世界で言う「越権行為」だ。「あの人はああいう人だから最低だ」と言っているのと同じことだ。

「いつも泣きぬれる人」になっていないか

他人と同じように、自分を批判することがあるか少し考えてみてほしい。きっと、あまりないはずだ。

他人にも自分にも厳しい人は、たとえるなら「自らの罪に泣きぬれる人」で、取るに足らないことをくよくよと悩む一方で、肝心なことに罪悪感を持っていなかったりする。だけど、かわいそうだとは思わない。

だって、実は彼らはそんな自分を楽しんでいるということを、ぼくは知っているからだ。でも、たいていの人は自分に甘い。

ぼくたちは自分に不利な情報を嫌でもたくさん持っているはずなのに、自分を批判の対象にはしない。ぼくたちは自分を弁護することにかけては一流なのだ。つまり、自分と一番の仲良しなのだ。もし、自分と同じように他者とも接することができれば、それは世の中全体と仲良くなれることを意味する。

でも、批判しないなんて無理だ。どうしたって先入観を持ってしまう。

そうあなたは言うかもしれない。けれど、そんなことはない。努力次第で、実はどうにでもできてしまうものだ。やる前に無理だと思うと、たいていのことは本当にできなくなる。そもそもぼくたちが他人を批判するのは、自分はなんでも知っているというううぬぼれからだ。

自分についてなら少しは語れるかもしれないが、それでもすべては語れない。相手をわかったつもりになっていないか、先入観を持って見ていないか、普段からそう自分に問いかける努力がどうしたって必要だ。

ほかの習慣と同じように、批判も単なるぼくたちの習慣に過ぎない。

自分がすべてを知っているわけではないといつも肝に銘じておけば、うぬぼれは消え、広い心でもっと人とのかかわりを楽しめるようになる。

そして巡り巡って、相手の気持ちを考える想像力が、ますます鍛えられるのだ。これが、想像力に次ぐ、自分を豊かにする二つ目の方法だ。

なぜルールは必要なのか

だからといって、これを法律にも当てはめろと言っているわけでは決してない。おそらく、裁判官が今より減って、刑務所の制度が改善されれば世界はもっと平和になるだろう。でも、法律は世の中に必要不可欠だし、ぼくたちにもそれを守る義務がある。一見無意味に思えたり、納得のいかない法律にも、必ず意味がある。法律のそもそもの役割は、異なる個人をまとめ上げて、その一人ひとりの威厳を保つことだ。

どんな社会も、様々な人間がいる中で秩序を保たなければならない。そのためにはやはりルールが必要で、例外はできる限り少なくなければならない。だから、ときにおかしな法律が生まれたりするのだ。

人間が同じ人間を裁いている以上、求められるのは「どうしてこんな法律があるのか」ではなく、「この罪が社会にどんな影響を与えるか」を考えることだ。

つまり、裁く側の人間は、ひとりの個人である前に社会の代理人なのだ。

自分の身は自分で守る勇気を持て

もちろん、法律に頼るだけでなく、自らの身は自分で守ることも必要だ。これは、個人の義務だ。聖書に「右の頬を打たれたら左の頬を差し出せ」とあるが、残念ながら今のところこれが通用する社会ではない。

大司教でも靴磨きでも、実際の生活で聖書のこの教えを実践できている人は、千人にひとりもいない。本当に左の頬を差し出せば、どんな目に遭うかわからない。神様にも無理かもしれないことを、ぼくたちができるはずないのだ。

誰だって、嫌なことをされたり、されそうになれば、自分を守ろうとするのは当然だ。何をされてもへらへら笑っていたら、それこそ馬鹿だ。

だからといって相手を批判するかと言えば、それはまた別の話だ。

もし、あなたがぼくの家に突然押しかけてきて、荒らし回った挙句に出ていくのを拒否しても、ぼくはあなたを批判したり責めたりはしないで、火かき棒で頭を叩いて追い払えるかもしれない。つまり、相手に嫌だという自分の明確な意思を伝えつつも、寛大な心で接することはできるのだ。

ただし、それも一度までだ。何度やっても引き下がらない相手には効果がない。こんなふうに本来ぼくたちは、自分を保ったまま、批判することなく相手に自分の意思を伝えることができるはずなのだ。

ここまでが、うまく人と付き合うための二つの原則だ。次は、自分との付き合い方を見てみよう。

自分を不安にする人の共通点

自分以外の人がどんな顔をして、どんなふうに振る舞っているか、注意して見ている人はあまりいない。

都会ともなればなおさらだ。なぜなら自分のことで精いっぱいだから。ほとんどの人は、ちらっと見てはいるものの、相手を感情のあるひとりの個人としては認識していない。たとえるなら、大きな壁のレンガのひとつのように思っているのだ。つまり、ぼくたちは他人を見ているのではなく、ただ眺めているだけ、ということになる。

じっくり見れば人間について色々なことが学べるのに、ぼくたちはその機会をまったく生かせていない。

色々な人を見て、色々なことがわかれば、そこから何か見えてくるはずだ。それに、みんなが似ているというなら、そこで見えてきたことの中には、あなたに当てはまることもあるはずだ。

そんなふうに考えると、ぼくたちにはひとつ共通点がある。それは、たいていの人が不安に取り憑かれているということだ。朝晩の通勤電車、道、会社、レストラン、どこですれ違う人の顔にも、不安は張り付いている。

田舎だって例外ではない。習慣と言えるほどぼくたちは絶えず不安になっていて、さらにそんな人は一目でわかる。

心の持ち方が幸せを決める

たとえば、何かにつけてぼくたちは薬を飲む。体に害はないかもしれないが、薬に変わりはない。これは男女ともに言えることで、しばしば、あの薬はおすすめだよ、と普段の会話にまで登場する。ぼくたちは薬に頼り切っていて、たとえば何かの理由でその薬を絶つと、一カ月くらいは落ち着かなかったりする。

やたらめったら自分の判断で薬を飲んでも、体にいいはずがない。間違いなく、逆効果だ。

薬と同じように、ぼくたちは無意識のうちに不安に取り憑かれている。

ちょっと通りに出れば、もしくは電車にでも乗れば、一目でわかるはずだ。人間はそういうものなんだよ、とあなたは答えるかもしれない。

でも、ぼくはそうは思わない。不安は、悩みがずっと心に居座り続けている状態を指す。誰にでも悩みはある。

けれど、それをずっと心に居座り続けさせるかは別問題だ。ときに、悲劇のような人生を歩む人もいるが、たいていの場合、着る物や住む場所には困らない。欲しい物をすべて手に入れることはできなくても、最低限と言うには余りある物に囲まれて暮らしている人がほとんどだ。

つまり、ぼくたちはすでに十分な物を手にしているはずなのだ。それに気づいて幸せだと思えるかどうかは、その人の心の有り様次第だ。この先どんな人生が待っているかは誰にもわからない。

ひょっとすると災難に見舞われるかもしれないが、それでも着る物や住む場所がないことを考えれば、まだ恵まれているはずだ。

八十%の不安は起こらない

つまり、ぼくたちは実際には決して起きないような悲劇を頭の中で想像してしまうのだ。あなただってそうだろう？　ひょっとしたら死を迎えるその瞬間も、あなたはまだほかの悲劇を想像して心を乱されているかもしれない。

人生についてあれこれ思いを巡らせても、八十%の不安は的中しないと断言できる。

取り越し苦労ほど、意味のないものはない。意味がないどころか、せっかくの幸せを蝕んでしまう。

自分がでっちあげた実体のない不安を頭から追い払えば、今でも十分、毎日が楽しくなるはずだ。

悩んでいい場面と悪い場面

不安にも種類がある。どうして自分は悩んでいるのか、その原因を探ることは大切だ。

もし、不安に思うことも、そこから生じる結果も、自分にはどうすることもできず、なんの責任もないなら、くよくよ悩むだけ時間の無駄だ。

受け入れて、不安が的中したときに乗り越える最大限の努力をすればいいだけだ。

考えればすぐわかることなのに、若者はもちろんいい年をした大人も、それができない。いつまでもずるずると不安に足を取られてしまう。

それとは逆に、その不安が少しでも自分のせいであるか、自分次第で結果が変わる可能性があるなら、どんどん不安になればいい。

それなのに不安に思わなかったり、不安を抱けない人は、相当能天気で無責任だ。せっかくのチャンスが台無しだ。

こんなふうに、不安には避けたり解決したりできないものと、自らが動くことで状況を変えられるものの、大きく分けて二種類がある。

最悪の事態を想像してあれこれ思いを巡らしたり、対策を練ったりするのも、ある程度は必要だし、いいことだろう。

でも、度を越えると元も子もない。

眠ろうとして眠れない夜、どうすればいいか

たいていの人は、五粒飲んで元気になる薬なら、十粒飲めばその倍元気になるはず、と考えるだろう。だが、それは間違いだ。同じように、一時間悩むより二時間悩んだ

ほうが倍いいアイデアが浮かぶかと言えば、そんなことはない。

最初の一時間はしっかり頭が働いても、そこからだんだん不安ばかりが浮かぶようになるかもしれない。たとえば、真夜中にふと目が覚めて、ぐるぐると不安が頭の中を渦巻いて寝られなかった経験はないだろうか？　そんなときは、眠ろうとしても眠れないし、違うことを考えようとしても考えられない。

そして脳みそが疲れてくると、不安はさらに大きくなり、真っ暗な闇のようにあなたを飲み込んでしまう。ここらへんで眠りに落ちたらラッキーだ。朝目覚めると、一晩中悩んでいたのが嘘のように、「どうしてあんなに悩んでいたんだろう？　馬鹿らしい！」と思うことができる。

不安は、同じことを何度も繰り返し考えるうちに生まれる。

そして、そのときにはどうすることもできないように思えても、**時間をおいてあらためて考えると、実はなんでもないことだったりする。考えすぎることで、視野が狭まり正確な判断ができなくなるのだ。**

そしてその判断をもとに行動すれば、道を間違え、場合によっては取り返しのつかないことになる。

心の悪習慣を断ち切るには

不安は、心の悪習慣だ。　体の習慣と似ているので、作られ方も断ち切り方も同じだが、断ち切る難易度はより高い。

良い習慣は、訓練を重ねることで身に付き、怠ることで失われる。悪い習慣はその逆で、訓練を怠ることで身に付き、重ねることで抜け出せる。

だが、精神的な習慣は、肉体的な習慣より扱うのが厄介で、だからこそぼくたちは不安にこんなにも振り回される。

毎日体を鍛えるのと同じくらいの時間と労力を、心を鍛えるのに使うのは至難の業だ。

心が命令を下せば、ある程度体はコントロールできる。では、心に命令を下しているのはなんなのだろう？　心自身なのか、それともその正体は自己で、心は自己の使用人に過ぎないのか？

もし後者なら、心という名の使用人は、命令に従わないうえに物わかりの悪い、まったく使い物にならない奴、ということになる。そんなふうに考え出すと、だんだん頭がこんがらがってくる。

もっと深く考えたい人もいるだろうが、ぼくはここらへんにしておく。

はっきり言えるのは、ぼく、つまり自己は、その正体がどんなものであるにせよ、心に対して何かしらの力を持っているということだ。

そして必要とあらば、その力は大きくなる。

自分に思い込ませると力になる

怠け者の学生は、試験ギリギリまで勉強をサボる。どうにもやる気が起きないからだ。ところがいざ試験の日が迫ってくると、まるで心を入れ替えたように、黙々と勉強を始める。

なぜそんなことができるかと言うと、集中力が発揮されるからだ。

大人だって、恋をすれば仕事がそっちのけになることがある。

ひどい場合には、理想の彼女を頭の中で作り上げて、妄想にふけったりもする。

これは、自己暗示の極端な例だ。自己暗示は、簡単に言えば自分に何かを思い込ませることで、どうしてそんなことができるかは、ぼくにもわからない。そう思いたい、と願う気持ちがないとそんなことにはならないだろう。

でも、心に命令を下すのが自己だとして、自己暗示も心にまつわるものだとすれば、自己があるがゆえにこのようなことが起きると言える。

「あなたならできるよ」と自分を説得する

自己暗示と他者暗示（名前の通り、他者による暗示）については、フランスのナンシー大学の心理学者たちが大きな発見をしている。彼らによると、自己暗示と他者暗示には、静脈瘤などの病気を治す効果があるという。

正直、ぼくは信じられない。でっちあげじゃないかと思っている。たとえば、自己暗示をかけることで軽い頭痛が一時的にマシになったり、すっかり良くなったりすることはあるだろう。ぼくにもその経験はある。

眠くなったりするのもわかる。だけど、信じられるのはそこまでだ。だって、それを他人がやれば催眠術になるわけで、それと同じ危険性が自己暗示にあるとは思えないからだ。

でも、ナンシー大学の学者たちが言う、自己暗示力を高める二つの方法には、ぼくも同感だ。

ひとつ目は、自分を脅迫するのではなく説得するというものだ。

つまり、「これをしろ、さもないと……」と自分を追い詰めるのではなく、「あなたならできる、信じてるよ」と自分を勇気づけてあげるのだ。

ぼく自身、ずっと前者だったけれど、これを知ったおかげで今では自分を励ますようになった。

心をひとつに集中させる方法

二つ目の方法は、心をひとつのことに集中させることだ。

心は、放っておけば勝手に旅をしだす。そもそも縛り付けてはおけないもので、寄り道や回り道が大好きだ。ナンシー大学の学者たちが言うには、心を集中させるには、小さな声で自分に繰り返し声を掛けてやるのがいいらしい。

早口で言うのもポイントで、つまりはほかのことを考える余裕を自分に与えないようにするのだ！　これはなかなかうまいアイデアだと思う。

つまり、たとえばあなたがXという事柄で悩んでいれば、優しく、なだめるように「Xなんて忘れてしまえ、忘れてしまえ……」と早口言葉のように唱えればいい。

真剣に、そして事あるごとに実践すれば、この方法は不安を打ち砕くのにかなりの効果があると思う。

不安を心から消す方法

もちろん、なかには今挙げた二つの方法をまやかしだと思う人もいるだろう。

そう感じるのも無理はないが、ぼくの印象では試してみて損はないと思う。また一方で、最新の特効薬だと思い込んで食いつく人もいるだろう。そんな人たちは、まず何千年も前から伝わってきた人々の知恵に耳を傾けてみるといい。それはこんなものだ。

その一、不安に心を乱されそうになったら、何か別のことを考えよ。

心は二つのことを同時には考えられない。不安を心から追い出そうと躍起になるより、別のことに意識を向けるのに専念すべし。

その二、友人に打ち明けよ。

たとえ話しづらいことでも、とにかく吐き出せ。自分の中に抱え込んでいても、不安はどんどん大きくなるだけ。

あれこれ試して自分に合った解決策が見つかれば、不安というぼくたちの習慣は、必ず、断ち切ったり、かなり弱めることができるだろう。
そしてその暁には、自由になれた幸せと喜びに胸を打たれるはずだ。
これが、自分を豊かにする三つ目の方法だ。

第三章

限られた自分の時間を最高に活かす――

自分メンテナンスで、
最強の人生をつかむ

最強の人生——人はどう生きればよいのか

学びの目的は、最高の人生を送ることにある。

この言葉を残したのはハーバート・スペンサーで、ぼくは彼を非常に尊敬しているが、「最高の人生」というのがどういうものか、スペンサー自身わかっていたかどうかは疑わしい。ひょっとすると彼自身、そんな人生を送れなかったのではないだろうか。

知識を詰め込むのに忙しくて友人ともまともに付き合えないような人は、間違いなく最高の人生を望んでいないと言える。

それでも、スペンサーの教育論は、今なお根強く残っている。ぼくが思うに、スペンサーのこの言葉は、学んだ気になっている若者やうぬぼれの強い人に対する警告だろう。

しっかり学んだつもりになっている人ほど、そもそもどんなふうに生きればいいかさっぱりわかっていなかったりする。

心と体のメンテナンスを怠るな

ぼくたちはこの世に生を受けた瞬間から、限られた時間、一人ひとり別々の人生を歩むことになる。その不思議な旅を心行くまで楽しむのが最高の人生を送ることだと言えるなら、いったいぼくたちにはどんな学びが必要なのだろう？

この問いは、もちろん簡単に答えの出るものではない。最も手っ取り早い方法は、そもそも最高の人生などないと知りながら、一つひとつ知識を身に付けたり訓練を積んでいくことだ。

ぼくたちの心と体は、たとえるなら楽器か、機械か、装置だ。

体の調子が悪いと心がうまく機能しないし、その反対で、心が弱っているときは体がうまく働かない。

そしてそんな状態である限り、最高の人生は歩めない。

さらに、非常に扱うのが厄介だ。手入れを怠ったり操作方法を間違えると、簡単に故障する。

つまり、扱うには生理機能（体）と心理機能（心）の両方をしっかり理解する必要があり、それこそが、最高の人生に近づく第一歩だ。

ブレーキとアクセルの場所を知らないで運転するな

心と体を正しく理解していないのは、たとえるならブレーキとアクセルがどこにあるかわからないまま車を運転するのと同じだ。

それより恐ろしいと言ってもいい。運よく何にもぶつからずドライブできたとしても、その距離はわずかで、遅かれ早かれ大事故を起こすのは免れない。

でも、だからといってぼくたちは、ごはんを食べるとき、「さあお腹よ、今から動いてくれ」とわざわざお腹に手を当てて言ったりしているだろうか？　食べすぎてお腹を壊したときくらいしか、どこに胃があって腸があるかなんて考えない。今この瞬間も息を吸っているのに、肺に至っては、空気の入った二つの袋ぐらいにしか思っていない。体調を壊したとき、心が原因かもとはまず思わないし、皮膚が実はとても重要な排出器官だなんて考えもしない。

こんなふうにぼくたちには、すごく重要なのに知らないことが山ほどある。自分が無知なのには気づいていても、それでいいと思っているし、逆に体の機能をこんなふうにひとつずつ想像するのはなんだか気持ち悪くて嫌だとさえ感じる。

だから誰も進んで考えようとはしないのだ。

自分はいま「どんな場所に置かれているのか」

同じように、社会にも無知は至る所に潜んでいる。

実際のところ、偉そうな顔をして若者たちに教えを説いている教育者たちだって無知なのだ。つまり、皮肉にもこの世は運転の仕方をまるで心得ていない危険なドライバーたちが、いつも通りをうろちょろしている状態なのだ。

最高の人生は、自分が何者であるかを知るのはもちろん、自分が時間的、空間的にどこにいるかを知らない限り、手に入らない。

つまり、今自分が立っている地球という惑星についてある程度知っている必要があるのだ。地球の大きさは、太陽に比べればたかが知れているし、それに宇宙には地球より大きな星がごろごろある。だから、地球について勉強しろと言われても怖がる必要なんてない。この星のどこにどんな場所があって、どんな歴史を辿ってきたのか、だいたいのことがわかればいい。

それを知って初めて、ぼくたちは自分が今いる場所を本当の意味で理解できるのだ。

自然の法則には逆らえない

地理を学ぶことで環境の大切さを知り、歴史を学ぶことですべての結果には原因があり、その結果からは逃れられない、ということに気づかされるだろう。そして、社会は絶えず動き、変化し続けているということにも気づくだろう。

つまり、この世に完成や絶対や終わりはないのだ。

一応の区切りはあっても、万物は流転し続けている。

そしてそれは人生にも言えることだ！

科学を学べば、もっと実感がわくかもしれない。地理、歴史、それに科学をほんの少し学べば、ぼくたちは自然の法則に逆らえない、ということがはっきりとわかるはずだ。

そしてそれに気づけない以上、最高の人生には近づけない。だって、そもそも正しい判断、行い、そして生きる意味についてまったくわかっていないのと一緒なんだもの。

最高の人生に近づくために必要なこと

さらに、最高の人生に近づくには、学ぶことで自分の才能を伸ばし、生計を立てる術を知ることも欠かせない。

何より大切なのは、自分自身が楽しむことだ。せっかく何かを学んだのに、誰かに依存したり、生活のためだけに嫌な仕事をする羽目になってはなんの意味もない！

学んだことが生かせなかったら意味がない。

もうひとつ言うなら、ぼくたちは皆社会で生きているのだから、**社会で生きるうえでの権利と義務を学ばなければならない**。社会の一員として幸せになれるかどうかは、この権利と義務をうまく使いこなせるかどうかにかかっている。

そのためには、自分の地域、そして国がそもそもどんな機能を持っているのか、そしてどんな課題に直面しているのかを知らなければならない。

どんなに言葉を並べても、見せかけの言葉だけでは意味がない。

自分の意見を持ち、それを伝えられて初めて、最高の人生に近づける。そして自分と社会の両方のために生きられるのだ。

人生はどんなことからも学べる

人生にはまだまだ改善の余地があるということだ。人間、どんなことからでもその気さえあれば学び取れる。

堅苦しいことを言いやがって！　と思われるかもしれないが、現にそうなのだ。今話したことだけで、最高の人生が送れるとは言わない。**たとえば、立ち振る舞い方だって、人生という名の学びには必要不可欠な教科だし、息抜きという教科も同じくらい大切だ。最高の人生を送りたい！　と願っただけで叶う人なんていない。**

自分は最高の人生を送れている、と思っている人だって、実はそれが最高でなかったりもする。ここで挙げたようなことまで学べてこそ、人生は豊かになるのだ。

女も男も知らなくてはいけないこと

ぼくがこの本で言う「ぼくたち」には、もちろん女性も含まれる。女性が男性とまったく同じ教育を受けるべきとは思わないが、ひとつ言えるのは、今までに述べたことは女性でも当然知っていなければならないということだ。女に生まれたからと言って、国や社会について無知でいいはずがない。

だって、自分が生きている場所なのだ。

それを知らずに、どうやって生きていけると言うのだろう。

だから当然、知る権利を奪われていいはずもない。そしてとくにぼくがおかしいと思うのが、子どもの面倒を見るのは女性、という考え方だ。これは、さっき述べたぼくの考えに反する。

金にならない仕事も進化させろ

仕事は、金になるものだけを指すのではない。

でも、たとえばなんらかの理由で誰かに生活を頼っているなら、大人である以上、別の形で社会に貢献しなくてはならない。たとえば、家事も立派な仕事のひとつだ。

でも残念なことに、それをわかっている人は少ない。

だから当然、家事に対してのプロ意識は芽生えないし、なんとなく家事をこなしているうちに、人生が味気ないものになってしまう。そんなふうにして、単調な毎日が最高の人生を遠ざけてしまうのだ。

家事を単調なんて言えば、気を悪くする女性もいるだろう。けれど、変わらないことほどこの世で不自然なものはない。

別に悪気があって言っているわけではないのだ。少しずつでもいいから前進、つまり進化することこそが大切なのだ。

「教育」で洗脳させるな

ぼくの学びに対する考え方に、男性であっても疑問を抱く人はいるだろう。

それでかまわない！　ぼく自身、不安になるときがある。現代の教育論に、ぼくたちはあまりに洗脳されすぎてしまっている。だから、そこから少しでも外れたことは、すぐには受け入れられない。でも、教育だって日々進化している。

ギリシア語とラテン語が男性の教養、フランス語と歌と踊りと裁縫が女性の教養、なんて時代はもう古い。

それでも、いまだにそんなふうに思っている人も少なくない。シャーロット・ブロンテとエミリー・ブロンテの違いがわからないだけで「学がない」と決めつける男性もいるし、ロシアバレエを見たことがないだけで「教養がない」と見下す女性もいる。

なぜぼくたちは勉強するのか

そういう人たちは、そもそも学びとは何かがわかっていない。見せかけだけの教養で人を判断して、実はその人のほうが無知だったりする。それに本人が気づかないのは、本物の教養が試験では推し量れないものだからだ。

「学びのそもそもの目的とは?」という問いを自分に投げかけるのを、誰もが忘れてしまっている。その結果、くだらないことを知って学んだ気になり、最高の人生に近づけたと勘違いしてしまうのだ。

まずは目的地を見すえて出発せよ

目的地がわからないまま出発しても、辿り着けるはずがない。自分がどこへ行きたいか、歩き始める前にきちんと確認しておくことが肝心だ。名の知れた大学などの教育機関でも、個人の人生を豊かにすることを第一の目的として組織されている所は少ない。この傾向は、古くからあるエリート校に多い。なぜなら、何より重んじられているのが伝統で、時代の流れに乗ることを良しとしないからだ。

だからといって、今の教育をすべて否定しているわけではない。学校の勉強なんて社会に出たらなんの役にも立たない、という声も多いが、必ずしもそうとは言えないはずだ。だって今の教育がなければ、バスルームも橋も飛行機もこの世にはないだろうし、ジフテリアだって治療できないだろう。

だから、ぼくは今の教育制度を頭から否定するつもりはない。ただ、学びの本質的な意味を学ばせる機会をもっと持つべきだとは思う。

ひとつでいいから、この国に二十歳を越えた男女に学びの本質を学ばせる機関があればどんなにいいだろう。そしてひとりでいいから、若者たちに何より大切なことのひとつは、親になったときにすばらしい教育を子どもにしてやることだと気づかせられる教育者がいればどんなにいいだろう。ぼくは心からそう思う。

学校の勉強だけが勉強ではない

一番いいのは、自分から進んで学ぶことだ。

実際、あらゆる教育の場面で、自分で学ぶ力を伸ばす取り組みがなされてきている。誰かに無理やり知識を詰め込まれるのではなく、自ら進んで知識を得ていこう、というわけだ。詰め込み式の勉強術から、ぼくたちは今抜け出そうとしている。

学校は苦難の場所から、もっと自然な学びの場に姿を変えつつある。でもなかには、それを許さない学校もある。そういう場合、子どもたちは学校を出てから本当の学びの意味を知ることになる。だから、学生時代にそういう機会に恵まれなかったからといって、嘆き悲しむ必要はない。

卒業して大学へ進学する生徒もいれば、就職してそのまま社会へ出る生徒もいる。一昔前までは、本当に学びたいことがあって大学へ行く人は一握りで、大半がただなんとなく、学ぶよりも遊ぶために進学するような状態だった。

でも、今は違う。大学に入ってからも真面目に勉強する学生がほとんどだ。そして面白いことに、学生が真面目になればなるほど、大学の悪口を言う。

「ちっとも学びたいことが学べない。もっとすばらしい教育を受けさせてくれ」と、まあこんなふうだ。熱心だからこその発言なのだろうが、少し傲慢だ。

川が町にあわせるのではなく、町が川にあわせるもの

そういう学生は、大学が自分にぴったりの教育カリキュラムを用意してくれて当然だと思っている。だが、大学はそういう場所ではない。よくできる学生は大切だ。たとえば大学が川だとするなら、学生はそのそばにある町だ。

川は、町ができる何世紀も前から存在しているし、たとえば何世紀かして町が消えたあとでも、変わらずそこに存在し続ける。つまり、川の一生を考えれば、町は取るに足らない存在なのだ。

それと同じで、大学の歴史の中では、一人ひとりの学生はそれほど重要な存在ではない。大学がしなくてはならないのは、あくまで平均的な学生――そんな学生が本当はいないにしろ――を満足させることだ。

つまり、大学が学生に合わせるのではなく、学生が大学に合わせていかなければならないのだ。

熱心な学生であればあるほど、自分が大学に合わせるという気持ちを強く持たなければならない。もっと言えば、その中でも飛び抜けて優秀で志の高い学生なら、自分なりの学び方を発見し、それを追求できるはずだ。

大学の勉強がつまらない！　と文句を言う暇があるなら、大学での学びを自分なりに生かす方法を探ればいい。

ないものをいつまでも嘆いていたって意味がない。ないならないなりにどうすればいいかを考えられる人が、本当に賢い人だ。

あなたがあなた自身の先生になれ

同じように、大学での勉強がつまらないのを教授陣のせいにしても意味がない。それならあなたが、あなた自身の教授になればいい。自分以上に自分を教育できる者は誰もいない。自分から働きかければ、大学で学べることはたくさんある。それが大学の良さだ。大学が本当の意味であなたに教えられることと言えば、自分を律する力くらいだろう。

でもそれは非常に意味あるものだ。学生がいてこその大学で、学生がいなければ大学はなんの意味も持たない。

だから、ぼくは「大学では勉強なんかより人間関係を学べればそれでいい」という意見が大嫌いだ。もちろん、大学でどう過ごすかにかかわらず、人間関係が学べることは確かだろう。

自立心や社会性も身に付くかもしれない。だが、それで満足すべきという意見には、ぼくは真っ向から反対する。それ以上のことを学べる才能ある学生だってちゃんといるからだ。

大学での教育は、待っていてもケーキのように皆に一切れずつ配られはしない。欲しいなら自分から手を挙げないといけないし、なくなりそうなら奪いに行くくらいの気迫がないといけない。そうしないと、いつまで経ってもありつけない。

望めば、何からでも学べる

一方で、大学には行かずすぐに社会に出る若者もいる。彼らの多くは、卒業後すぐに教科書を売り飛ばし、やっと勉強から解放されたと喜ぶ。でも、もう気づいていると思うが、学校は学びの玄関に過ぎない。

学校を出てからが、本当の学びの始まりだ。夜間学校でも独学でも、学びはそのあともやる気さえあれば追求できる。大学に行かなかったことが不利にはならないし、時間がないことが言い訳にはならない。

すぐに社会に出れば、自分の考えに従って行動し、世の中を知り、自分を成長させることができる。そうやって人生を豊かにしていけるのだ。

望めば何からでも学び取れる。図書館に行けばなんだってわかるし、そうやって自分から進んで知ろうとする姿勢こそが大切なのだ。

じっと座っているだけが勉強ではない。初めて夕日や朝日を見たのと同じような目で世界を見ることこそが、自分で学ぶ出発点だ。

失敗を小さくする二つのこと

若者は皆、そもそも無知だ。こうだと思い込んだら、間違いに気づかずそのまま突き進んでしまう。それでいい。

でも、これから話す二つのことを心に留めておけば、失敗は最小限に抑えられる。

まず言えるのは、面倒くさくてやる気が起きないときは、体が疲れているサインだということだ。

体が元気だと面倒くさいなんて思わない。思いたくても思えないのだ。エネルギーというのはちょろちょろ出てくるものではなく、どばっとわき出るものだ。だから、面倒くさいと思ったときは、心ではなく体にそう思わされていると考えたほうがいい。

もうひとつは、勉強が嫌だなと感じたとき、その理由には、学ぶ対象が嫌いなときと、学ぶ方法が間違っているときの二通りがある。

学びは、どんなときでも楽しくなければならない。

もし楽しくないなら、楽しくなるように自分で変えなければならない。

もちろん、どんなにいい環境に置かれても何も学べない人もいる。そういう人は、最高の人生は手に入らないと諦めるべきだ。自分に甘い人に掛ける言葉はほかにはない。

最初から的をしぼらない

それを踏まえたうえで、ぼくが熱心な若者たちにひとつ助言するなら、最初から的を絞りすぎるな、と言いたい。初めから視野を狭めてはダメだ。結果として特定の分野に精通するだけであって、最初から可能性を狭めてはいけない。自分がまだ何をしたいかよくわからない人は、よく必死になって、あるひとつの分野の知識を身に付けようとして挫折する。それでは、エネルギーの無駄だ。好きこそものの上手なれ、と言うが、好きなことだけやっていればいいというわけではない。

自分の道を決める前に、まずはすべての道、つまり一般教養を身に付けるのは欠かせない。そうでないと、バランスの悪い偏った人間になってしまう。ぐらついた土台の上には何も築けない。しっかりとした知識の土台があってこそ、専門性は身に付くのだ。専門的に学んだことを職業にするにせよしないにせよ、この原則は変わらない。この点についてはしっかり心に留めておくべきだ。

人生は短いもの？長いもの？

人生は短い、というのは嘘だ。だからといって、長いかと言えばそうでもない。ちょうどいい長さなのだ。

そして賢く生きれば、長く感じられるようになっている。

そしてその中で、知識はきちんと身に付くようになっており、狭い視野ではなく広い視野で生きたほうが、人生は豊かになる。

ひとつのことに没頭しすぎる人は、たとえるなら筋力を付けようとトレーニングに打ち込みすぎて心臓発作で早死にするアスリートと同じだ。

知識の身に付け方も、ひとつ間違えば命取りになる。向上心の強い人は、夢中で色々なことを吸収しようとするあまり、そもそも自分が学びたかったことはなんなのか、ゴールを見失ってしまう。

知識ばかりを詰め込んで頭でっかちな人間になってしまっては意味がない。

人生は面白い、と気づかせるのが教育だ。**どんな人生にも価値がある、**と思わせるのが本当の学びだ。

人生という名の川のもっと深いところに、勇気を出して飛び込んでみよう――学びを積む目的は、そう思えるようになるところにある。

もし、知識は十分でもそう思えなければ、なんの意味もない。

年をとってから勉強する理由

最後にひとつ、絶対に覚えておいてほしいのは、学びには終わりがないということだ。自分の知らないことを知れば知るほど、知らないことが見えてくる。本当に賢い人は、自分が愚かだということを知っている。

そしてそれに気づいたとき、ぼくたちの目は開き、自分という存在と人生の意味を知ることになる。学びが広がると、世界が広がる。

人生を豊かに生きる術を知った人は、死ぬその瞬間さえも、豊かに生きようとすることができる。

年を取ってから何かを学び始めた人を見て、「今さらなんの役に立つんだ?」と笑う人がいる。

何かの役に立つか、もしくは立たないかは、誰にもわからない。でも、科学がすべて真っ赤な嘘でない限り、学んだことはなんらかの形でその人の中に留まり続ける。ひょっとしたら、それは死後の話かもしれないけれど。

そう考えると、この世にはまったく無駄なものなど何ひとつないのだ。

第四章

つねに「万一」に備える——

気くばりと熱意で、仕事は成功する

働きはじめたあなたがまず直面する問題

社会への第一歩を踏み出すとき、ほとんどの人は誰かに雇われる。そして大半が、そのまま誰かの下で働き続け、人生を終える。つまり、ぼくたちの大半が、自分の人生を誰かの手にゆだねているのだ。

初めて社会へ出た若者たちは、「これからは給料をもらうんだから、しっかり働かなければ」と意気込む。ところが、働き始めるとがっかりする。一生懸命働いている人がほとんど見当たらないからだ。

職場には、ベストを尽くす、という言葉からは程遠い光景が広がっている。なぜか?それは、給料が労働に見合っていないからだ。

つまり、その程度しかもらえないなら最低限の仕事しかしないでおこう、と働く側が思ってしまうのだ。そうなると今度は雇う側が給料を渋るようになる。

こうなるともうイタチごっこだ。

給料以上に働かない人

「どんなに働いたところでいい思いをするのは雇い主だけ。それならどうして頑張らなきゃならないいんだ？　一週間頑張ったら、そのぶん給料をアップしてくれるっていうのか？　そんなわけない。一円だって、余計にはもらえないだろう。にっこり笑って〝ご苦労さん〟くらいは言うかもしれない。だけど、そんな言葉じゃ煙草も絹の靴下も買えやしない……」と文句は延々と続く。

でも、この言い分はおかしい。二十人いれば十九人が給料以上の働きをしているのは事実だ。だが、それも長くは続かない。

なぜなら、そのうち昇進するか、もっといい待遇を求めて転職するからだ。会社に尽くす社員の噂は、すぐに広まる。

なぜなら、そういう社員は非常に稀だからだ。

仕事への熱意がその人の価値を決める

そういう社員は、本当に少ない。そして経営者の一番の狙いは、そういう貴重な社員を発掘して、逃がさないでおくことだ。従順な社員は、たとえば経営難でも生き残れるし、会社にとっての切り札になるので経営者も手出しができない。もしかすると、実は要領が悪くて不愛想な奴かもしれないが、仕事への熱意と惜しみない努力が、そんな欠点を帳消しにしてくれる。

そういう人は、着実に「安定」という名の階段を上っていく。安定した生活こそが何より大切だからだ。

一見、給料がその働きに見合っていないように思えるが、実は違う。なぜなら、働くことでお金には代えられないものを手にしているからだ。

働くことは長い目で見ろ

働くという行為は、経営者と社員の間のつながりだけを指すのではない。もっと広い目で見ると、これは社会とのつながりを指す。そう考えると、冒頭のような不満はあまり感じないのではないだろうか。

仕事の成果は、一週間や一年で評価してもらえるものではない。十年働いてやっと、いや、もしかすると人生の半分くらいの時間を費やして初めて日の目を見るものだ。努力は影のようにすぐあとをついては来ない。十年くらいのタイムラグがあると思えばいい。

だから、一見「なんだ、あの程度で評価されて」と思えるような人は、実はずっと昔にちゃんとその評価に見合うだけの働きをしているのだ。楽な仕事であれだけの給料がもらえていいよな、と年配の上司に不満を持っているあなたは、だからこれを覚えておくといい。今、彼らに支払われている給料は、長年積み上げてきた努力、信頼、経験に対するものなのだ。

だから、若いあなたたちは、努力を出し惜しみしたり、すぐお金に換算したりしようとしてはいけない。億万長者がお金をばらまくように、持てる限りのエネルギーをばらまけばいい。

今認められなくてもいい、と覚悟を決めてしまおう。もっと長い目で考えよう。草ではなく木になる種をまこう。そして、芽が出るまでじっと待とう。

頭のきれる新人には用心しろ

もちろん、社員みんながそんなふうに振る舞えば、得をするのは経営者だけだと思うかもしれない。まさにその通り！　これに反論するつもりはない。だが、そもそも今言ったことを実践できる人は少ない。全員が納得していても、実行に移せる人は一握りだ。

そして、そんな実行に移せる人には、ぜひ次のことを覚えておいてほしい。それは、何より大切なのは秩序を守る、ということだ。

たとえばやる気のない社員がひとりいても、その人の尻拭いをしなければならない場合を除いては、やきもきしたりイライラしたりしないほうがいい。「会社もこんな奴を雇って大変だな」くらいに思いながら、それでも辛抱強く接していれば、そのうちまわりに触発されて、本人もやる気になってくる。本当に用心すべきは、頭の切れる新人だ。

もし、そういう人が自分勝手に振る舞い出すと、陰で、もしくは大っぴらに嫌われる。なぜなら、同僚に対しても自分と同じくらいできることを求めるので、経営者もそれにつられて、社員たちを厳しい目で見始めるからだ。そうなると、秩序が乱れ出す。正しさの基準がこんがらがるので、そのうち皆が自分勝手な行動に出てしまう。

そういう新人には、場を乱してまでほかの人より抜きん出ても、上司から気に入られはしないということに気づかせるべきだ。

大切なのは、協調性だ。経営者は、ほかの社員もこの新人のように優秀だったらどんなにいいか、と考えるかもしれない。いっそみんなクビにして、優秀な新しい社員と入れ替えたいと思うかもしれない。でも、実際にそんなことはできない。

だからこそ、経営者は職場の調和を求めるのだ。

それに、頭の切れる社員は同僚を見下す傾向がある。自分はできると天狗になってしまうのだ。本当は価値のない社員などいないのに、それに気づけない。ぼくが頭の切れる社員には用心しろと言うのは、こんな理由からだ。

だが、経営者と同僚との向き合い方なんて、仕事との向き合い方に比べれば、取るに足らないことだ。

自分の才能を埋もらせないコツ

これは皮肉でもなんでもない。

最後はやはりそこに行きつく。たとえばあなたが、真面目でやる気に溢れた有能な社員だった場合、遅かれ早かれ、こんなことを考え出す――「このままこの会社で頑張るべきか、それとも、勇気を出してもっと自分の才能を生かせる会社に転職すべきか」。ぼくなら、一発で答えが出せる。

今いる場所に、留まっていてはダメだ。同じところにいつまでもいると、そのうちどんどん沈んでいく。新しい発見がないと、いつの間にか頭は鈍り、心は荒んでいく。そして最終的に、とてもつまらない人間になってしまう。もうひとつ、同じ場所に留まっていると、挑戦が怖くなる。

経営者からも、そういう社員は嫌われる。新しい発想が出てこないからだ。こいつには、新しいことは任せられないな、と思わせてしまったら終わりだ。

こういう事態は、長年勤める社員が多い会社でよく起こる。経営者としては、社員に会社を去られては困るが、正直使い物にならないと思っている。

その結果、社員につらく当たったりするようになるのだ。

自分の才能をもっと生かせる場所があるはず、と自分のことを信じられる人は、だから才能が埋もれるような道は選ばない。涼しい顔をしながらも、虎視眈々とチャンスを狙っているのだ。

「新しいボート」に乗り込もう

困難に立ち向かわない限り、本当の意味で成長はできない。ちょっと見渡せば、チャンスはそこらじゅうに転がっているはずだ。

でも、自分から拾い上げない限り物にはできないし、それにはまず、今乗っているボートを捨てないといけない。事実、すばらしい人生を歩んでいる人は、一度では足りず何度も何度も、ボートを乗り捨てている。

常に、何かチャンスはないかとアンテナを張り巡らし、ボートを降りた直後は後悔したとしても、決して挑戦をやめない。そういう人の人生は、非常に心を打つものがありドラマチックだ。安全な場所から外に出ない限り、大きな成功は決して手に入らない。ただ、やる気がある社員が皆大きな野望を抱いているとは限らない。安定した生活こそ何より大切だ、と考える人が大半だろう。そういう人は、安定した生活を保障されてこそ、仕事にまい進できる。だから、いくらお金を積まれようとそれを手放そうとはしない。それは、もともとそういう質(たち)だということだ。そういう人には、今ぼくが言ったような助言は役に立たないだろう。

人生の基本はしっかり押さえる

人生を心から楽しめていない人は、基本が抜け落ちている。

つまり、皆がやっている本当に単純なことができていないか、皆が慎重に避けていることに突っ込んでいっているかのどちらかだ。

人生を心から楽しみたいなら、たとえば家に入るためにはまずカギを開けなければならないこと、寝る前と起きたときには着替えが必要なこと、飲みすぎには気をつけて三食しっかり食べること、などと同じくらいの、本当に基本的なことができている必要がある。

「貯金」——誰にも奪われない武器を持て

初めて自分の力だけで暮らし始める若者は、当たり前だが貯金をしなくてはならない。そんなことは小学生でもわかるし、言うのも馬鹿らしいのだが、どうしてもここで話しておかなければならない。

なぜなら、多くの人が当然のようにそれを怠っているからだ。貯金は、必ずすべきものだ。そんなのわかっている、とあなたは言うだろう。好むと好まざるにかかわらず、必要なものだ。

だから、そんなこと大人ならみんなわかってるって！　あなたはいよいよイライラしてくるだろう。

じゃあ聞くけれど、あなたには今いくら貯金がある？　そう聞かれると、きっと言葉に詰まるのではないだろうか？

「やばい、こんなことならしっかり貯金しとくんだった！」と若者が初めて後悔するのは、たとえば心奪われる女性に出会ったときだ。どうしてもこの女性と結婚したい！

と思うと同時に、彼女の人生に責任を持ちたいという気持ちが芽生え、そこで初めて真剣に「よし！　金を貯めるぞ！」となる。

そして必死になって貯金を始める。でも、もう手遅れだ。なぜなら、好きな女性とはすぐにでも結婚したいし、いくら頑張っても愛の巣に必要な家具を半年や一年頑張っただけの貯金で全部揃えるのは不可能だからだ。

だったら、分割払いで！　そう思いついた若者は、ほっと胸をなでおろし金を払い始める。こうなることはだいぶ前からわかっていたはずなのに、それでもそのときは真剣に考えようとしない。

頭を抱えることになるのがわかっていても、動けないのだ。女性の場合はどうかわからないが、男性よりはもう少し計画性があるのではないかと思う。

自分で生計を立てるようになったら、たとえどんなに安月給でも、コツコツ貯金していかなければならない。その結果、煙草や映画、ちょっと贅沢な靴下やバターが買えなくなっても、それは仕方がない。

ぐっと歯を食いしばって、耐えるのみだ。たとえ微々たる額でも、貯めるのをやめてはいけない。大切なのは、いくら貯められるかではなく、貯める習慣を付けることだ。

貯金は、誰にも奪えない武器だ。この世の様々な悪から身を守るための護身用の銃だと思えばいい。蓄えがないと、病気やケガをしたときに困るし、いきなりクビを切られでもしたら路頭に迷うことになる。

それなのに、若者ばかりか多くの人がそんな危機感がまったくない。ポケットにはいつも小銭が少しばかり入っているだけだ。

これは本当に奇妙なことだと言わざるを得ない。

ガソリンスタンドで煙草を吸うのと同じくらい愚かな行為だ。書いているこっちが恥ずかしくなってしまう。

なぜ「保険」に入ったほうがいいのか

貯金ともうひとつ、若者にとって大切なのは保険に入っておくことだ。

「入るなら今のうちですよ」。そう言って、口のうまい営業は、よく若者に保険を売り込もうとする。一度、保険会社の人間に、なぜ年寄りより若者に熱心にアプローチするのか聞いてみた。単にお客を獲得したいだけなのか、本心からそう言っているのか気になったからだ。その人が言うには、保険会社は別に若者だけを贔屓しているのではないらしい。どの年齢層に対しても、同じようにアプローチをかけていると言っていた。

若者だから会社が得をするというわけではないのだ。若者のほうが保険料は安いが、長く入っていればそのぶんたくさん支払うことになる。つまり、保険会社にとっては、最終的には年寄りも若者も客の価値としては同じなのだ。

将来の備えではじめたいこと

でも、自分のことを考えれば、保険は若いうちから入るに越したことはない。なぜなら、将来への備えになるからだ。

最も手っ取り早く、そして安く、積み立てができる仕組みだと思えばいい。もちろん、最初から切り崩すつもりで入れと言っているのではない。そんな事態にならないに越したことはないが、万が一というのもあり得る！

しっかり貯める秘訣

貯金の額なんかに関して、ぼくはとやかく言うつもりはない。将来を見据えてしっかり貯めておけと言うだけだ。生活を切り詰めたり、欲しいものが買えなかったりするのは避けられない。けれど、それは若ければ当たり前のことだ。本を買うために煙草を一切やめろとは言わない（もちろん、体に害になってしまってはダメだ）。たまには本の代わりに煙草を買ってもいいんじゃないかと思う。要は、どちらに比重を置くかという話だ。

心に余裕ができる方法

さっきから金の話ばかりでつまらない。人生には金よりももっと大切なものがあるじゃないか。そう思ったあなたのために、誤解を解いておきたい。あなたの言う通り、人生にはもっと大切なものがたくさんある。

良識、知性、芸術、感情、挙げればきりがない。

金がいくらあっても、人の気持ちがわからなかったり正しい行動ができなければ意味がない。

だが、ぼくがあえて言いたいのは、ある程度落ち着いた生活ができるだけの金があってこそ、心の余裕が出てくるということだ。

それに、きちんと金を稼いで管理できると、自信が付く。

これは、ほかのことでは得られない自信だ。

やみくもに物質的な豊かさを毛嫌いし、精神論を説く人がいるが、ぼくにはそれはとても危険なことに思える。

一文無しで生きていける人などいないからだ。生きていく以上、ある程度の物は必要だし、その次の段階として、心の充実が得られる場合だってある。それが自然なことなのだ。

お金が自信につながる

たとえば、信仰の関係で俗世と切り離された生活を送っているように見える人たちがいる。

でも、実は彼らは俗世から切り離されてなどいない。彼らが高尚な生活を送っているのは間違いないが、よく考えると、物質社会と無縁な人などいない。その証拠に、彼らが身に付けている服、食べている物、暖を取るための石炭、腰かけるための椅子、身を寄せ合うための家、すべてこの物質社会が、つまり金でのやり取りがもとになっているものだ。

収入があるということは、それだけで物質社会にかかわっている証拠だ。金を貯めたり土地を買ったりするのもまた然りだ。

つまり、どんなに高尚な生活も、物質社会にかかわって得た金がなければ成り立たないのだ。事実、信仰の厚い人たちは、絶えず物質社会とのかかわりに関する疑問を自らに投げかけている。

そうすることで、高尚な生活を守っているのだ。物質社会と無縁な人間などいないというのはこういうわけだ。

俗世と切り離された生活を送っているように思える人たちは、物質社会との距離の取り方がぼくたちと違うだけで、実は理想的な距離感を保てているのだ。

ほかにも、物質社会と切り離されているようで実はそうでない例はたくさんある。

精神世界に傾倒している主婦でも、実はその夫が年収五万ドルの実業家で、夫妻で家二軒、車三台を所有し、使用人が三十人いたりすることだってある。

不誠実な芸術家になるな

でも、ぼくがしっかり話しておきたいのは、たとえば若い詩人、画家、音楽家などの、物質社会を「汚い」とあざけりながら、実はそれに頼り切っている若者たちだ。この類いの人間に、ぼくはたくさん会ったことがある。

物質社会をどうこう言う以前に、彼らの多くはまず借金をしている。

つまり、アトリエを借りるとか、肉やビールを買うとか、ピアノを借りるとか、そういう生活の基本的なことでさえ、他人の金に頼っているのだ。

極端な言い方をすれば、敵に頼るだけ頼って悪口を言う、非常に不誠実な人たちなのだ。

あるいは、社会から与えられるだけで何ひとつ貢献していない人たちとも言えるだろう。

ひどい場合には、友人の金を自分の金のように使い出したりもする。

そういう人に限って、食事や住む場所には無頓着でも、精神安定上、酒には強いこだわりがあったり、煙草が手放せなかったりする。

つまり、心の平穏を保つためにも、物質社会の生み出した商品に頼り切っているのだ。

無責任な怠け者にならない

若者は、怠惰なことが多い。それは、自分の生活にあまり責任を持っていないからだ。毎日これといってすることもなく気まぐれに過ごしていくうちに、いつの間にか自分の低俗な欲求をも抑えられなくなる。そしていつまで経っても、頼っているものを批判するという精神状態から抜け出せないのだ。

そういう若者がたまにすばらしい才能を発揮したり、傑作を生み出したからといって、褒められるものではない。堕落した生活を送っていたから才能が開花した、なんてことは絶対ないのだ。

怠け者の自分に気づき、それを悔い改めたとき、初めて本物の才能は開花する。

お金がなくても幸せになれる

物質社会にどっぷり浸かれと言っているわけではない。すばらしい人格の持ち主でも、というか、だからこそ、物質への関心が薄く、金で身をやつすのに興味がない人だっている。そういう人は、心と魂の平穏を何よりの幸せととらえている。貧しさや豊かさは関係ない。

バターを食べようがキャビアを食べようが、豪邸に住もうがあばら家に住もうが、そういう人はまわりと自分が違うことに苦労しながらも幸せだ。

なぜなら、自分の足で立ち、本当の幸せが心や知性の豊かさであると知っているからだ。

たとえそういう人であっても、物質社会に一切かかわらないなんてことはできない。金はやはり必要だし、だからといって物質社会に頼りすぎると、目指していた理想から遠ざかり、自分が大切にしてきたものが奪われてしまう。

小さなことをおろそかにしない

そうではなく、人並みの生活を送って人並みの成功が収められればいいと思っている人には、やはり金の管理をしっかりすることをおすすめする。

社会とどうかかわるか考えるとき、そこには人間側のルールではなく社会のルールが適用されるのだ。

社会を自分の意のままに動かせる人なんていない。

安定した生活は、何世紀もかけてぼくたちの祖先が積み上げてきた知恵と法則に則って動かない限り、得られない。

もし、その法則から外れたことをすれば間違いなくうまくいかないし、それが積み重なれば望む生活からはどんどん遠ざかっていく。

雨だと知りながら、穴の空いたブーツで出かけて風邪をひくのと同じだ。今日暮らす金に困りながら、明日の目標に向かって走っていける人はいない。

人生で大きなことを成し遂げられるかどうかは、日々の些細な積み重ねにかかっている。

取るに足らないように思えることでも大切だと思って積み重ねていけるかどうかが、そのあとの人生を大きく左右するのだ。

第五章

世の中をよりよく生きる――

賢くなれば、幸せになれる

「どうして、ぼくのために動いてくれないの」

先日、道を歩いていたら、すれ違いざまに若者たちのこんな会話が聞こえてきた。

「どうして皆ぼくのために動いてくれないんだ?」

一瞬だったのでくわしい内容はわからなかったけれど、その一言で、その若者が真実を見失い、道を大きく踏み外しているのがわかった。

若者は、社会哲学を学んでいるくせに、人間の本質や温かさについてまるで無知だ。様々な恩恵を社会から受けているのに、それにまったく気づいていない。

もし、その若者の言うように、本当に「自分のためにみんながいる」のなら、社会なんてそもそも成り立たないし、そこらじゅうで原始時代さながらの殴り合いのケンカが起こるだろう。

権利と恩恵は欲しいけれど、社会のために自分が何かするのは嫌だなんて、あまりに勝手すぎる。社会に対する考え自体が間違っているし、そこで暮らす人というものについてもまるでわかっていない。

自分勝手もほどほどにしろと言いたい。ひょっとすると、信用できるのは自分だけと思わせるような苦い体験があったのかもしれない。

幸せは巡りめぐるもの

相手を馬鹿にしたりさげすんだりしていては、誰もが幸せな社会などどれだけ待ってもやってこない。

あなたのまわりの人は、心が広くて優しい、責任感のある誠実な人間ばかりだ。自分よりも相手のことを考え、自分を犠牲にしてでも社会のために尽くせる人だ。なぜなら、それが巡り巡って自分のためにもなるとわかっているからだ。

なぜ、そんなことがぼくにわかるかって？

なぜ、そんな楽観的な見方ができるか、あなたは不思議だろうか？

心の中を戦争状態にしない

その答えは、そうでなければこの社会は成り立たないし、維持できないからだ。ぼくたちの大多数がそういう人間、つまり寛大で、責任感があり、自分で自分を律して自分より相手のことを大切にできる人間でなければ、そもそも社会なんて存在しない。弱肉強食の動物の世界のように、自分さえ良ければ相手のことなんて知ったこっちゃない、という人間がこの世の中に溢れていたら、社会は築けないし、運よく築けたとしてもすぐに崩壊するだろう。

大多数の人間によって、社会の正義、安全、安心がしっかり守られているからこそ、ぼくたちは誰からも馬鹿にされたりさげすまれたりせずに暮らせるのだ。

だから、尊敬に値する、すばらしい人たちにあなたは囲まれているということだ。もし、自分のまわりの人をそんなふうに思えないなら、それはあなたが心の狭い嫌な人間である証拠だ。

何から何まで、自分の思い通りに生きられる人なんていない。そんなことをしようと思えば、絶えず世間といさかいが起こる。そういう人は、自分の考え方を改めない限り、遅かれ早かれ人間関係に亀裂が入る。

言ってみれば、いつも心の中が戦争状態なのだ。何かの拍子にすぐ症状が現れる、中毒みたいなものかもしれない。心の中ではいつも満たされない思いが渦巻き、どんなときでも自分が正しく、何でもわかっていると思っている。

つまり、自己中心的なのだ。ぼくは、これが人間として最もいけないことだと思う。自己中心的な人には、近づかないほうがいい（風邪みたいにうつりはしないけれど、間違いなくとばっちりをくらう）。場をかき乱す天才だからだ。自分のことしか考えられない限り、本当の幸せは得られない。

もっと言えば、家族を大切にするのと同じくらい、**ぼくたちは自分の心の平穏を大切にしなければならない**。

ほかの人と自分がまったく同じ感覚を持っているなんて思う必要はないが、人としての温かさや謙虚さは、自分と同じくらい相手にも備わっていると考えるべきだ。相手をさげすんだり、最初から嫌な奴だと決めつけてかかってはいけない。

誰かと接するとき、ぼくたちはもっと広い心を持たなければならないのだ。つまり、目の前の相手を、拒絶するのではなく愛するのだ。

そうすれば、社会の中で自分の思い通りにならないことに直面しても、「仕方がない。だってぼくは一個人である前に、社会の一員なんだもの」と自然と思える。

相手を責めてはいけない

人間の本質を知らずに、「どうしてあの人はああなの？」となんでも相手のせいにしている人が多すぎる。そういう人は、毎朝目覚めるたびに誰かの欠点が目について、うんざりしたりイライラしたりする。

相手ではなくあなたのとらえ方に問題があるのですよ、と言ったところで、彼らは信じない。そして、自分の思い通りにならないことにいつまでも腹を立てる。

そういう人は、きっと死ぬ瞬間までそういう状態だろう。

「自己中心的な人」は相手も自分も苦しめる

もし信じたとしても、きっと素直には受け取れない。自分が悲劇のヒロインになったつもりで、世間を呪ったり恨んだりするのが関の山だ。「ぼくではなくまわりが正しいなんて、冗談じゃなかったら悲劇だ」としか思えないのだ。

自己中心的な人は、いつまで経っても相手の心がわからない。この世は天国なんかじゃないのに、自分にとっての完璧な世界を必死で追求する。そして、いつも相手の長所ではなく短所ばかりに目を向ける。

誰かの悪い噂を聞くと、自分の目で確かめもせずそのまま鵜呑みにする。「相手をありのままに受け止める」ことができないのだ。白か黒かわからないなら白だと信じよう、とは思えない。それなら間違いなく黒だ！ と最初から決めつけてしまう。

つまり、無罪の人にも有罪を言い渡す裁判官のような人なのだ。考えただけで馬鹿げている。そしてこれは、相手だけでなく自分もひどく苦しめる。

人生を、自分で生きにくく、つらいものにしてしまうからだ。

変わらない人間性というものにいくら文句を言ったって無駄だ。イソップ物語に、肉をくわえた犬が水面に映った自分を見て、その肉欲しさに吠えてせっかくのご馳走を川に落とすという話があるが、これはそれと同じくらい愚かな行為と言える。

なぜ自分以外の人のために生きようとしないのか

ここまで極端な人は稀でも、大切なのは、どんな人にも多かれ少なかれ自己中心的な一面があるということだ。そのことを肝に銘じて、そんな自分が現れたときには、すぐさま叩き潰さなければならない。そうでないと、高みを目指そうとする普段の自分が消されてしまう。

そもそも、**自分以外の人のために生きようとしないのは不自然なことだ。**

ぼくたちは皆同じ人間だ。

すれ違う何百、何千という人の体の中には、皆、あなたと同じ真っ赤な血が流れている。どれだけ時代をさかのぼろうとも、それは変わらない。

ぼくたちは同じ空の下、同じ文化や考え方に触れ、同じことに悩み、同じようなことに喜んでいる。つまり、同じ時代を生きているのだ。

そう考えれば、性格や能力の違いなんていうのは、取るに足らないことに思える。

誰もひとりでは生きられない

それに、人のことをとやかく言う前に、自分にも改めなければならない点がたくさんあるはずだ。

あなたが完璧じゃないからといって、社会はあなたに文句を言ったりするだろうか？

あなたにとってもほかの誰かにとっても、人生はときに厳しく、くじけそうになるものだ。

生き抜くのも理解するのも、簡単ではない。ぼくたちは皆支え合っているのだから、あなたにだって誰かのために生きる義務があるはずだ。

ぼくたちは、誰もひとりでは生きられない。

この支えあいは、自分のまわりの人たちだけでなく、社会全体に必要なことだ。自分に直接かかわる人には親切にできても、社会のためには何もしていないという人が大勢いる。多かれ少なかれ、ぼくたちは皆そうだと言っていいかもしれない。

でも、それではダメだ。これは、社会に対する罪の中で最も重いと言っていい。社会への無関心は、ぼくたちの前進を妨げる。それに、個人としての存在意義をも揺るがしかねない。もし、この世に生きるすべての人が、社会なんか知ったこっちゃない、どうにでもなれ、という態度に出たらどうだろう？　きっと、社会は音を立てて崩れていくはずだ。

ぼくたちの前進を妨げること

その点において、あなたは不幸だと言わざるを得ない。生まれてくる時代が少し早かったかもしれない。

もし、あと千年くらいあとに生まれたら、社会はもっと成熟していて、あなたの満足いくものだったかもしれない。だが、そんなことを言ってなんになる？　変わらないことをいくら嘆いても無駄だ。あなたの生まれた時代があなたの生きる時代で、もっとよく知ろうとすれば、色々なことが見えてくる。

そうすれば、今の社会の中でもっと心地よく暮らせるはずだ。それにもし、自分の考えに社会が追い付いていないと言うなら、社会をそこまで引き上げてやるのがあなたの役目ではないだろうか？

そうすれば、本当の意味で充実した社会生活を送れるはずだ。

不満をぶちまけるな

最大の問題は、あなたをはじめとする大勢の人が、社会の問題を見て見ぬふりしていることだ。好きなだけ文句は言うくせに、じゃあどうすれば良くなるだろう？　とは考えない。ただ不満をぶちまけているだけなのだ。

ぼくは、これは非常に危険なことだと思う。なぜなら、そういう社会につけ込む奴らがいるからだ。そしてそういう奴らが多くなると、社会全体の秩序が乱れ、ますます悪い方向へ向かってしまう。

社会に対して意見があるなら、きっちり形にするべきだ。自分には何も変えられない、なんて思う必要はない。

それができないのは、きっとあなた自身が、人というものと、本当に自分に社会を変えられる力があるかどうかを、信じ切れていないからだろう。

歴史は人生のヒントの宝庫

あとは、あなたが歴史について無知なのも関係しているかもしれない。歴史を知れば、どうすれば社会をより良くできるかについてのヒントが得られるはずだからだ。そうでないと、あなたが思い描く社会が今の社会より本当にすばらしいかどうかはわからない。

自分を信じて、解決の糸口を探りながら挑戦していくことが大切なのだ。

もし、ぼくたち一人ひとりが、「社会のために自分ができることはなんだろう？」と考え、積極的に行動できれば、社会は今よりもっと良くなるはずだ。急にとは言わない。大きな変化ほど時間がかかるからだ。

でも、そういう変化は、のちの世まで受け継がれる。数えきれないほどの小さな運動が積み重なって、大きな変化は起こる。変化を信じるだけでなく、信じて行動できる人、そして小さな積み重ねを続けられる人のもとに、変化はやってくる。

多くの人が何かを起こそうと行動に出てすぐ諦めてしまうのは、数日や数年で結果が出ると勘違いしているからだ。

断言する！「人は変われる」

「人は変えられない」と言う人がいる。

だから何をしようと意味がない、どんなに一生懸命社会に働きかけたって何も変わらない、と彼らは思っている。それなら何もしないほうがマシだ、というわけだ。

断言するが、人は変えられる。

そしてぼくたちには、その力がある。何もしないほうがマシなんてこと、絶対にない。それに、ぼくたちには途中で投げ出す権利なんてない。あるのは、最後までやり抜きとおす権利だけだ。

どんなことでもいい。意味のない行動なんてひとつもない。報われない行動なんてひとつもないのだ。いつまで待っても、裁きの日は訪れない。

裁きの日なんていうのは、完璧を求める幻想に過ぎない。

たぶん、あと数十世紀経っても、このままだとぼくたちは同じように裁きの日を夢見て、完璧でない世界と人間性を嘆いているだろう。

死ぬ以外に、最期のときは訪れない。裁きの日は、ぼくたちを励まして苦難を耐え抜かせるための作り話に過ぎないのだ。

誰かのために何かがしたい

社会のために何かしたいと考えるとき、ぼくたちが想像する社会は非常に狭い。たとえば選挙活動の手伝いなどをすぐに思いつくかもしれないが、そんなこととても自分には務まらないと考える人が多い。

もちろんそういった活動も大切だし立派だが、それだけが社会にかかわる方法ではない。たとえば子どもたちの勉強の手伝いや、趣味、バザー、芸術関係の催しの企画なども立派な社会活動のひとつだ。

誰かのために何かをしたい、という思いを持つことこそが大切で、活動の大きさは関係ない。

そう考えると、ぼくたち一人ひとりの社会とのかかわり方は無限にある。まだ誰も思いついていないような活動のほかにも、すでにある活動をもっと充実させることだってできる。

少しまわりを見渡せば、より良い社会を目指して活動している団体がたくさんあるし、そういう団体はたいてい人手不足に悩んでいる。

参加する活動には事欠かないが、大切なのは、自分がどんな活動に参加したいかよく考えてから選ぶことだ。

様々な価値観の人とつきあう

もうひとつ大切なのは、きちんとした目的を持って活動に参加することだ。そうでないと、社会のために動いている自分が好き、という理由で始めたりすることになりかねない。

自分の信条に合っているか確かめるのも大切だ。ちょっとくらい自由な時間を減らしたり無理をしたりしても活動には参加できるが、自分の信条に背くことをやっていると必ずつらくなる。

自分の信条、つまりポリシーだけは何をするにせよ絶対に曲げてはダメだ。信条は、一人ひとり皆違う。だから、もし誰もがそれを貫こうと思えば、厳密に言えば社会活動に対しては、一人ひとりが別々の団体を組織して行う必要があるのだ。

つまりそれは、世間には様々な価値観があるということにほかならない。これから何か活動に参加しようという人は、これをしっかり覚えておかないといけない。一人ひとり大切にするものが違う限り、ときには歩み寄らないと一緒に活動ができなくなる。

世の中を楽観視しない

もうひとつ、多くの人がやりがちなのが、楽観視しすぎることだ。これはたいてい「こうすれば社会は必ず良くなる」という思い込みから起こる。つまりこれは、自分が携われば社会はきっとすぐに今より良くなると、信じ込んでしまうことだ。

しかし、社会の問題はそんなに単純ではない。だから、手っ取り早く一発で解決できる方法なんてなくて当たり前だ。もし、特効薬のように一発で社会を元気にできる薬があると思って動き始めると、現実の厳しさに参ってしまうだろう。

動くために大切な三つの理由

社会のために動くのが大切なのには、三つの理由がある。ひとつは、自分を客観的に見られるようになることだ。落ち込んだり満たされない気分になったりするのは、実は自分勝手な考えや行動が原因となっている場合が多い。つまり、自分以外の人のために動くことで、「この世は自分を中心に回っている」という考えを変えることができるのだ。

自分のためではなく、誰かのために何かができると、満たされた気分になる。自信も付くし、何より視野が広がる。そんな都合のいい話なんてあるのかと思われるかもしれないが、これだけは確かに言えることだ。自分ではなく相手のことを思って取った行動は、巡り巡って必ず自分に返ってくる。

それじゃあ最終的にはやっぱり自分のことしか考えてないんじゃないか、と言われてしまいそうだが、そうかもしれないとしか答えようがない。これは今始まった議論ではなく、ずっと昔から言われてきたことで、きっとこの先もはっきりした答えが出ることはないだろう。

社会のために何ができるか

誰かのためでいいなら、たとえば家族のために動くのでいいじゃないかと思うかもしれないが、それはまた違う。

なぜなら家族のために動くのはある意味自分のためでもあり、厳密には自分の欲求を満たす行為にほかならないからだ。つまり家族のためと言いながら、その裏には利己的な理由が潜んでいるのだ。

家族のためなら自分を犠牲にできるとしても？と反論されそうだが、広い目で見ればやはり、それにも利己の心が潜んでいると言わざるを得ない。だから、家族のために動くのは社会のために動いていることにはならないのだ。十分家族に尽くしているから、その外側の社会についてはは知りません、では通用しない。

社会のために動くと、社会のルールを知るのはもちろん、自分の望んだ社会を実現できる。これが二つ目の理由だ。自分が動けば、社会はただ単に良くなるだけでなく、自分の思いをその中に反映させられる。

つまり、自分の経験や知識を役立てられるのだ。それに、必然的にたくさんの人と接する機会が持てる。今まで出会ったことのないタイプの人とも知り合えるかもしれないし、生涯の友人ができるかもしれない。

考え方が変わったり、違う角度から物事を見られるようにもなるだろう。そして何より、あらゆる手を尽くせば社会は変えられると実感できるはずだ。

社会に参加することでしか学べないことが必ずある。それは、どんな小さな活動でも同じことだ。

社会のために何かできて初めて、ぼくたちは「真の学びを終えた」と言えるのだ。

人生から逃げていては楽しめない

三つ目の理由は、社会のために動くことで、本当の意味で生きられるということだ。**人生から逃げていたら、当たり前だが人生を心から楽しんだりはできない。**人生はつらく厳しい。

これはもう、疑う余地もなく言えることだ。それは、死が待ち受けているからだけではない。わざわざこれ以上人生を複雑にする必要もないが、目の前の困難から逃げていては前に進めない。逃げるくらいなら足を切り落としたほうがマシだ。なぜなら、どのみち人生という名の道を歩いていけば、足が豆だらけになるのは避けられないからだ。歩みを止めれば痛みからは解放されるが、その代わり、歩き続ければ見つかったであろう楽しみも、決して味わうことはできない。

波風のない人生を歩むために

誰だって、なるべく波風のない人生を歩みたいと思うものだ。じゃあどうすればいいか？　結婚？　いや違う。結婚したって大変なことは山ほどある。金持ちになること？　これも違う。身を粉にして働いてもいいことはないし、心配事が増えるだけだ。大きな家に住むこと？　これも違う。使用人を何人も雇うのも結構大変だ。友人をたくさん作ること？　これまた違う。友人は努力して作るものではないし、いたらいたで色々と気遣いも必要になってくる。じゃあ、いっそ何もしないほうがいいじゃないか。

そう思ったあなたは、あらゆる厄介事や困難を避けるようになるだろう。

そういう人が直面する問題はただひとつ、**退屈な自分という存在だ**。そしてそんな自分がますます人生をつまらなくしてしまう。平凡な人生が送れるのは間違いないだろう。でも、同時に人生から感覚が奪われてしまう。

「賢く生きる」とはどういうことか

本当に賢い生き方は、人生をめいっぱい楽しむことだ。

つまり、自分が持っている力を存分に発揮し、いつも生き生きと、たくさんのことに心を動かされながら、死ぬまで今日という日を楽しむことだ。

心惹かれることは、少ないより多いほうが絶対いい。生きているのがつらくなるくらい悩むことがあっても、退屈で死にそうになるよりよっぽどいい。

それに、悩むと決めているのも自分自身だ。**人生を楽しむには、悩むより行動する力を身に付けることも大切だ。**

なぜなら、立ち止まることで人生はより複雑に思えてくるからだ。困ったことがあったら立ち止まって考えようとする人が多いが、それではいけない。

とくに、人生がうまくいっているときほどそうなりがちだが、それではいけないのだ。

どんなときでも、自分という機械を休めることなく、楽しみながら動かせる人が、最終的には人生を心から楽しめる。
それが唯一の、人生を楽しむ術なのだ。

「自分は自分」でうまくいく
最強の生き方

2017年1月16日　　初版第1刷発行

著　　者　アーノルド・ベネット
翻　　訳　増田沙奈

発 行 者　笹田大治
発 行 所　株式会社興陽館
〒113-0024
東京都文京区西片1－17－8 KSビル
TEL 03-5840-7820
FAX 03-5840-7954
URL http://www.koyokan.co.jp

翻訳協力　株式会社トランネット
装　　幀　長坂勇司（nagasaka design）
校　　正　新名哲明
編集補助　宮壽英恵
編 集 人　本田道生
印　　刷　KOYOKAN, INC.
D T P　有限会社ザイン
製　　本　ナショナル製本協同組合

ISBN978-4-87723-209-2 C0030